U0563636

本书获 2019 年北京市高等教育"本科教学改革创新"重点委托项目
"'新文科'建设背景下跨学科专业人才培养模式研究"
(项目编号：201910031001)资助

李小牧　主编

新文科建设背景下跨学科专业人才培养模式研究

RESEARCH ON THE TRAINING PATTERN OF
INTERDISCIPLINARY PROFESSIONAL TALENTS
UNDER THE CONSTRUCTION OF
NEW LIBERAL ART

社会科学文献出版社
SOCIAL SCIENCES ACADEMIC PRESS (CHINA)

序

　　面对当今错综复杂的国际国内形势，2019年教育部正式提出全面推进新文科建设，服务我国经济社会领域的全面深化改革。新文科建设成为发展社会主义先进文化、坚定文化自信、培养时代新人和建设高等教育强国的重要载体。从宏观学科维度上讲，学科交叉和科技整合是新文科建设的重要手段；从微观教育教学方式上讲，注重现代信息技术与高等文科教育教学深度融合，助推传统文科教育方式和学习方法创新，是传统文科建设实现"弯道超车"的利器。具体到高校本科层次新文科人才培养，如何才能使"新文科"的概念落地，尤其是针对学科覆盖面相对较小的以文科为主的高校。北京第二外国语学院通过不断增强学生学习意愿，给学生更多的自主权，改革传统人才培养模式，打破沿袭多年的学科、专业壁垒，对传统学科、专业进行转型改造和升级，进行文科专业创新建设探索，提供综合性的跨学科专业学习机会和更加灵活、多样的培养路径，是践行新文科建设的必然选择。

　　新文科建设是文科教育的创新发展，需要着力推动哲学社会科学与新科技革命交叉融合，促进人才培养模式改革与创新，构建内涵丰富、形式多样的课程体系，培育具有扎实理论基础、专业实践能力和科学创新精神的新文科人才。实际上，出于对人才培养需求的考虑，打破原有学科、专业壁垒，进行跨学科、跨专业的复合型人才培养尝试在国内并不鲜见，主要依托部分专业内单独开设的复合型课程、辅修专业、双学位、人才培养实验班或带有实验性质的书院等。但上述形式存在课程参与度低、投入巨大、覆盖面有限的情况，跨学科、跨专业复合培养的质量和效果难以保证。尤其是上述跨学科、跨专业的形式不能与高效培养方案有机融合，且跨学科、跨专业均是在一个划定的"试验田"范围内进行，有较大的局限性。这基本上也是国内高校跨学科复合型人才培养面临的共同问题。

从2016版人才培养方案到2020版人才培养方案，北京第二外国语学院不断总结以往复合型人才培养模式的经验，为保证2020版人才培养方案的落地，我们调整全校教学时间段，提高各单位排课的灵活度，为学生选课提供时间与空间上的保障；在整合课程体系、提升专业课程质量的同时，调整、压缩各专业学生毕业时所要求的学分，并且制定免修不免考制度和辅、双课程学分互认制度，为学生按照自己意愿进行跨学科、跨专业修读课程提供更大的政策空间；我们升级教学管理平台，打造全新的排课、选课、排考模式，保证专业类交叉选课、跨年级专业交叉选课和结课考核的可操作性和规范性；引入并自建在线课程，打造课程在线教学平台，为学生跨学科、跨专业自主学习提供更多的学习资源支持；推行跨学科、跨专业选课资格审核制度，建立过程淘汰机制，有效保障跨学科、跨专业复合型人才培养质量。

实施过程中我们发现，跨学科专业人才的培养，还需要在跨学科专业资源提供、跨学科专业学习指导和质量保障三个方面进一步深入研究。例如做好相关调研、总结工作，梳理跨学科专业资源缺口，重点加强相关资源建设和补充。本书集合了北京第二外国语学院教师团队在关于如何处理主修专业和跨修专业的关系，如何有针对性地建立选修课程指导机制，如何判断和保障辅修、双学位课程质量，如何对进行跨学科专业学习的学生进行学业效果评价，判断人才培养模式的有效性等方面的探索，而这些正是本科教学改革创新中亟待解决的问题。本书共收录了13篇相关文章，是我校一线教务工作人员与任课教师实践教学探索的结晶。同时，也特别感谢社会科学文献出版社编辑的精心策划和帮助，使本书得以及时与各位读者见面，此书也是对我校跨学科专业人才培养模式探索的及时总结。通过阅读此书，读者可以感受到北京第二外国语学院在新文科建设和跨学科专业人才培养中的点滴实践和心得，书中不妥之处，希望各位读者、业内专家能够不吝批评，以便日臻完善。

目 录

新文科建设背景下立德树人路径的新探索
.... 曲　鑫 / 001

新文科建设背景下文化贸易人才培养的探索
.... 程相宾　孙　婧　贺婧倩 / 008

关于交叉学科人才培养的探讨 .... 李德刚 / 025

新文科建设背景下外语院校跨学科专业人才
　　培养路径研究
　　——以北京第二外国语学院"多语种复语，
　　跨专业复合"人才培养改革实践为例
.... 张华杰 / 039

总结创新，提质增效，"外培计划"全方位
　　育人管理模式初探 .... 夏艺菲 / 057

"五育并举"视域下高校育人体系的构建与实践
　　——以北京第二外国语学院为例 .... 王　婕 / 070

新文科背景下思政课程创新初探
　　——以《中国近现代史纲要》为例 ...... 刘赫宇 / 081

新时代下如何增大数学建模在培养跨学科
　　经管人才中的作用 ……………………… 郝顺利 / 095
融合认知神经科学，深化戏剧美育目标
　　——戏剧通识课程中的跨学科思维探索与实践
　　……………………………………………… 贾力苈 / 108
高校外语学科在线教学中形成性评价的应用探讨
　　——以本科"日本文学史"课程为例 … 彭雨新 / 122
外语院校国别与区域研究复合型人才培育探析：
　　以北二外教学改革"四加"模式为例 … 王子涵 / 138
新文科视域下"英语+"复合型人才培养模式的
　　建构与实践
　　——基于北京第二外国语学院的实践探索
　　……………………………………………… 邢晓楠 / 153
北京国际交往中心建设背景下本科生人才培养
　　——以国际事务与国际关系专业课堂教学为例
　　……………………………………… 张　爽 / 167

新文科建设背景下立德树人路径的新探索[*]

曲　鑫[**]

新时期，中国的高等教育已经进入深化改革、迅猛发展的"快车道"，亟须按下"快进键"，开启"加速跑"。而当代中国新文科建设的提出，是基于国际、国内形势深刻变化，面对人才培养所面临的新的背景和需求，而做出的一个重大学科调整、变革和优化。[①] 2019年4月29日，教育部、中央政法委、科技部等13个部门联合召开"六卓越一拔尖"计划2.0启动大会。会议强调，全面实施"六卓越一拔尖"计划2.0，发展新工科、新医科、新农科、新文科，[②] 即"四新"建设。作为"六卓越一拔尖"计划2.0的重要组成部分，新文科建设自提出以来，就引

---

[*] 本文系北京市社科基金基地项目"北京对外文化传播语言人才培养质量评价体系研究"（项目编号：19JDYYB003）的阶段性成果，原文发表于《北京教育》（高教版）2022年第2期。

[**] 曲鑫，北京第二外国语学院教授，教务处处长，主要研究方向为语言测试、外语教育。

[①] 夏文斌：《新文科建设的目标、内涵与路径》，《北京教育》（高教版）2021年第5期。

[②] 《教育部等13单位联合启动"六卓越一拔尖"计划2.0》，教育部官网，2019年4月29日，http://www.moe.gov.cn/jyb_xwfb/xw_zt/moe_357/jyzt_2019n/2019_zt4/tjx/mtjj/201906/t20190619_386454.html。

发了高等教育界的广泛热议和持续关注，各高校基于自身办学特色积极探索新文科建设路径和方法。因此，本文在新文科建设提出的大背景下，结合北京第二外国语学院（以下简称"二外"）的育人特色，通过分析《北京第二外国语学院 2020 版本科生培养方案》构建的"立德树人"路径，探究教师思想政治建设和师德师风建设在新文科建设过程中发挥的关键作用。

一 "新文科"的内涵界定及特征

在理论层面，新文科建设核心要义是"要立足新时代，回应新需求，促进文科融合化、时代性、中国化、国际化，引领人文社科新发展，服务人的现代化新目标"[①]。"新文科"的"新"体现在三个方面：一是新科技革命与文科的融合化发展；二是历史新节点与文科新使命；三是新时代与文科中国化，以及全球新格局和文科国际化。[②]新文科建设最突出的特点是打破学科之间的壁垒，注重学科交叉融合，即积极进行文文交叉、文理交叉，充分利用

[①] 时培磊：《迈入新阶段！新文科建设高峰论坛 2021 召开》，腾讯网，2021 年 4 月 10 日，https://new.qq.com/omn/20210410/20210410A0966L00.html。
[②] 樊丽明等：《新文科建设的内涵与发展路径（笔谈）》，《中国高教研究》2019 年第 10 期。

信息科学技术培养适应新时代国家社会发展需要的全人。[①]

在实践层面，各高校结合本校办学特色和实际情况，从国家和社会人才需求出发积极探索人才培养模式或途径。具体来讲，各个高校在新文科建设的实践方面具有下述四个共性。一是积极促成文科之间或文科与理工学科融合，建设新专业或新方向。二是探索新的人才培养模式，如联合培养、双学位、主辅修制等。三是开发新课程，如通识教育课程和实践教育课程。四是注重新技术与专业培养融合，一方面，要依托新技术，如智慧教育、人工智能、线上线下混合课程等，提高教学质量和效率；另一方面，要培养学生应用新技术、新方法解决专业领域问题的能力，促成创新型人才培养。[②]

综上所述，新文科建设对于高素质教师队伍建设提出了更高的要求。新时期，"师德师风"建设亦被赋予新的内涵。因此，在新形势下，教师需要不断努力提高专业能力，特别是"课程思政"能力，通过增强自我发展意识，规划落实发展目标，充分利用发展环境发挥能动性。结合这一背景，北京第二外国语学院积极开展新文科建设，探索立德树人路径，特别是以《北京第二外国语学院2020版本科生培养方案》为例加以阐释。

---

① 袁凯、姜兆亮、刘传勇：《新时代 新需求 新文科——山东大学新文科建设探索与实践》，《中国大学教学》2020年第7期。
② 宁琦：《社会需求与新文科建设的核心任务》，《上海交通大学学报》（哲学社会科学版）2020年第2期。

二 新文科创新实践与新版本科生培养方案

学校立足"具有鲜明北京特色的高水平外国语大学"发展目标，紧密围绕立德树人根本任务，积极顺应新文科建设的发展导向，在坚持守正创新的前提下，主动作为，积极推进学校新文科建设，深入探索符合实际校情的人才培养路径，持续优化"多语种复语、跨专业复合"的高水平复合型人才培养体系。"新文科"理念是制定新版培养方案的重要依据和核心主题，突出显现在以下五个方面。

第一，紧密围绕立德树人根本任务，构建具有二外特色的红色课程思政体系，扎实推进课程思政全覆盖。《北京第二外国语学院2020版本科生培养方案》围绕立德树人根本任务，充分发挥思政育人功能，将社会主义核心价值观融入教育教学全过程，有效构建具有二外特色的红色课程思政体系，切实保证课程思政全覆盖，深刻回答了"培养什么人、怎样培养人、为谁培养人"的问题。该版培养方案积极开展融课堂教学、实践教学和创新研究为一体的爱国主义教育"红培工程"，将红色教育与学校人才培养系统整合，贯穿人才培养的全过程。

第二，优化升级课程结构设置，推动全人教育，培养德智体美劳全面发展的社会主义建设者和接班人。《北京第二外国语学院2020版本科生培养方案》积极回应了国家发展需求、社会发展需要以及党和国家领导人对高等教育发展做出的最新指示，持续优化升级各专业课程结构设置。该版培养方案实现了课程的全面优化。一方面，在第一课堂中，通识选修课程分设科学素养、政治素养、人文素养、法治素养、艺术素养、综合素养六大课程模块，旨在提高学生通识素养，进而实现德智体美劳全面发展。另一方面，在第二课堂与素质拓展中，将军事课细化为军事理论和军事技能两部分，提高学生军事素质；增设劳动拓展课程，将劳动观念和劳动精神教育贯穿人才培养全过程。

第三，以"复语复合"为旨归，以"内嵌—外生"为实践路径，培养"多语种复语，跨专业复合"的高水平跨学科专业人才。《北京第二外国语学院2020版本科生培养方案》进一步打破学科分界壁垒，打通专业跨选路径，着力保障学生自由修读主修专业外的语种、专业。

第四，细化招生专业方向，体现人才培养交叉特色，推动人才选拔、培养、就业的有效衔接。《北京第二外国语学院2020版本科生培养方案》适应二外对各专业建设的总体要求以及对各专业招生方向的细化要求，通过专业建设凝练特色、凸显学科与专业的交叉复合性，使学生入学前即可获得对专业方向更为明晰的认知规划，进而提高学生的专业认同感和专业忠诚度，在课程设置、培养理念、就业规划等方面均体现出鲜明的专业方向特色。

第五，拓展智慧教育、在线教育教学模式，进一步实现优质教学资源共享。"新文科"的"新"在于科技与人文的融合发展。《北京第二外国语学院 2020 版本科生培养方案》建立"互联网＋教学""智能＋教学"的新形态，面向未来构建数字化教育新生态。二外通过加大在线课程自建和引进，实施混合式教学改革。为实现双跨专业修读全覆盖，二外以学生为本，借助"互联网＋"技术，将跨专业复语复合课程全部迁移至线上，学生可以突破时空限制，自主选择修读。目前，学校"中国税法概论"等具有"中国特色，世界水平"的慕课，已作为全国首批国际平台课程上线。2022 年，二外将在线课程建设作为"新基建"工程予以重点投入，未来将持续打造优质在线课程，为推进学校及其他高校新文科建设提供更为丰富的共享资源。

教师是学校立校之本、发展之源，教师的思想政治素养和师德师风状况决定着人才培养的质量，关系着国家和民族的未来。教师素质决定了一所学校的教风、学风、校风，师德师风建设是办好人民满意教育的重要保障。新文科建设要求高校秉持人本理念，深化教师思想政治建设、师德师风建设和业务能力建设，助力教师尽快适应新时期教育教学要求、践行立德树人使命担当。

参考文献

[1] 夏文斌：《新文科建设的目标、内涵与路径》，《北京教育》

（高教版）2021年第5期。

［2］《教育部等13单位联合启动"六卓越一拔尖"计划2.0》，教育部官网，2019年4月29日，http://www.moe.gov.cn/jyb_xwfb/xw_zt/moe_357/jyzt_2019n/2019_zt4/tjx/mtjj/201906/t20190619_386454.html。

［3］时培磊：《迈入新阶段！新文科建设高峰论坛2021召开》，腾讯网，2021年4月10日，https://new.qq.com/omn/20210410/20210410A0966L00.html。

［4］樊丽明、杨灿明、马骁、刘小兵、杜泽逊：《新文科建设的内涵与发展路径（笔谈）》，《中国高教研究》2019年第10期。

［5］袁凯、姜兆亮、刘传勇：《新时代 新需求 新文科——山东大学新文科建设探索与实践》，《中国大学教学》2020年第7期。

［6］宁琦：《社会需求与新文科建设的核心任务》，《上海交通大学学报》（哲学社会科学版）2020年第2期。

新文科建设背景下文化贸易人才培养的探索

程相宾　孙　婧　贺婧倩[*]

面对当今错综复杂的国际国内形势，2019年教育部正式提出全面推进新文科建设，服务我国经济社会领域的全面深化改革，解决与人们思想观念、精神价值等有关的重大理论和实践问题。新文科建设成为发展社会主义先进文化、坚定文化自信、培养时代新人和建设高等教育强国的重要载体。新文科建设是文科教育的创新发展，需要着力推动哲学社会科学与新科技革命交叉融合，促进人才培养模式改革与创新，构建内涵丰富形式多样的课程体系，培育具有扎实理论基础、专业实践能力和科学创新精神的新文科人才。新文科人才培养模式的改革应以习近平总书记关于教育的重要论述为基本遵循，通过对教育理念、育人机制、课程体系、教学方法的创新，将学科专业知识与中国产业及经济社会发展紧密融合，用中国理论、中国范式、中国标准、中国自信，讲好

---

[*] 程相宾，北京第二外国语学院教务处，副教授，主要研究方向为文化贸易、文化经济；孙婧，北京第二外国语学院教务处；贺婧倩，北京第二外国语学院经济学院研究生。

中国故事[1]，增强我国在国际社会上的话语表达能力。

在新时代经济贸易全球化的背景下，中国文化贸易发展态势向好，文化产品和文化服务贸易规模不断扩大。根据商务部数据，2021年，我国对外文化贸易总额2000.3亿美元，同比增长38.7%。其中，文化产品进出口额1558.1亿美元，增长43.4%；文化服务进出口额442.2亿美元，增长24.3%。[2] 高速发展的文化贸易对专业人才的需求不断提升，培养具备经济贸易知识、文化产品生产营销能力和国际视野的跨学科交叉人才迫在眉睫。作为全国最早开设文化贸易专业的高等院校，北京第二外国语学院依托学校办学特色与优势，不断推动跨专业交叉学科人才培养，顺应国内外市场对文化贸易人才的需求，不断进行培养目标、教学模式、实践平台、评价体系的改革和创新，更好地服务国家和首都社会经济建设的需要。

一 探析文化贸易人才的需求特征

随着全球化进程的推进，我国文化产品和文化服务贸易的规模急速扩张，然而相较于其他文化经济发达国家和

---

[1] 《习近平在全国教育大会上强调　坚持中国特色社会主义教育发展道路　培养德智体美劳全面发展的社会主义建设者和接班人》，《党建研究》2018年第10期。

[2] 《商务部服贸司负责人解读〈商务部等27部门关于推进对外文化贸易高质量发展的意见〉》，商务部官网，2022年7月21日，http://www.mofcom.gov.cn/article/zwgk/gkzcjd/202207/20220703335081.shtml。

地区，如美国、日本、欧盟等，我国对外文化贸易在结构、人才、渠道、竞争力等多方面尚有很大差距。其中，人才是影响我国文化贸易结构优化和竞争力提升的重要因素，也是我国文化贸易发展和繁荣的重要保障。一方面，快速发展的文化贸易产业为人才需求夯实了产业基础，为我国文化贸易人才的培养、培训、就业及发展拓展了空间，为文化贸易人才培养的提速增质创造了条件。另一方面，文化贸易产业规模的发展壮大和新型子行业的不断涌现催生了大规模人才需求，而我国文化贸易人才培养供给的速度和质量与市场需求之间存在不平衡性，导致文化贸易人才供需规模缺口较大，供需质量尚待提高。

具体来看，我国文化贸易人才需求存在以下几大特征。第一，文化贸易人才需求的行业和地区存在差异。网络影视、数字出版、动漫游戏等新兴文化行业人才需求增长幅度大，对人才能力要求高，尤其是北京、上海、深圳等经济发达拥有自由贸易试验区的地区亟须大量高水平的文化贸易人才。第二，文化贸易人才的需求主体多样化。相关政府部门、社会组织、文化企业和跨国公司共同构成文化贸易人才的需求主体，且文化企业占据人才需求的主要部分，对人才知识结构也提出了更高的要求，需要同时掌握经济、文化和艺术学科的交叉复合型人才。第三，文化贸易人才短期需求缺口大。由于我国文化贸易规模的迅速增长对人才的需求激增，短期内高校的文化贸易人才培养和供给难以满足市场的需求，人才供需缺口短期内会继续扩大,但长期来看,高校与企业对文化贸易人才的协同培养将逐步缩小人才供需缺口,满足市场对文化贸易人才的需求。

二 明确文化贸易人才的培养目标

当前在国家提倡新文科建设和我国文化贸易体量快速扩张的背景下,推动文化贸易人才培养模式创新恰逢其时。培养目标是人才培养模式创新的第一环,也是教学模式设定、实践平台建设和教学评价体系构建的基础和依据,决定和体现了人才培养的总体方向和价值取向。我国文化贸易人才培养目标的设定,应以市场需求为导向,以促进我国文化贸易结构优化和竞争力提升为目标,同时应契合国家新文科建设培养跨学科交叉人才的倡议。本文将牢固把握国家发展文化贸易的总体布局和文化贸易人才的市场需求两大脉络,从学科知识目标、能力素质目标、创新精神目标三个维度探讨文化贸易人才培养目标的设立。

(一) 学科知识目标

国际文化贸易是一个崭新的,集国际贸易、文化经济、产业经济、传媒经济和跨文化传播等知识为一体的跨专业交叉学科领域,因此在设定学科知识目标时应综合考虑多学科的特点,注重交叉型知识结构的形成。区别于传统的、单一的经济学人才培养目标,文化贸易人才培养目标以交叉型知识结构为重点，需要特别考虑国际贸易、文化经济等子类科目开设的先后顺序以及平衡不同课程的课时占比，使得课程体系完整、完善的同时做到重点突出、主次分明。具体来说，要针对不同年级、不同学习阶段的学生特点，遵守学科之间的串联关系和逻辑关系，分层次、循序渐进地设定学科知识目标，做到知识目标结构清晰、内容完整，能够指导师生由点到面、由浅入深地完成专业知识的教学和学习任务。

在文化贸易人才学科知识目标设定的过程中，不仅需要把握专业知识教学的深度，还要把拓宽学生的知识广度放在重要的位置，学生具备的知识必须在广度上满足市场的需求。因此，学科知识目标的设定需要区分专业必修课程和选修课程，在确保专业必修课程知识目标完成的基础上，设立选修课程目标以激发学生兴趣和拓宽学生知识面。选修课程目标应着眼于以下几个方面：一是外国文化知识储备，包括掌握国际通用语言、熟悉不同民族风俗习惯、了解不同国家人文特点；二是艺术审美知识积累，涵盖音乐、文学、戏剧、舞蹈、绘画、摄像和雕塑等艺术形式的品鉴与赏析；三是数字信息技术知识掌握，包含互联网科技的新发展、数字经济的新态势和媒体技术的新应用。

（二）能力素质目标

文化贸易人才能力素质的培养关系到高校文化贸易人才供给和市场实际需求的匹配程度，是人才培养中不容忽视的关键一环。因此，文化贸易人才能力素质培养目标的设定尤为重要，能力以专业实践能力为中心，素质则以人文素养为重点。专业实践能力培养目标的设定应按照知行合一的原则，以文化贸易人才的能力培养为导向，通过外贸模拟操作实训平台、文化产品及文化服务企业实践和跨国组织交流实践等环节，构建和强化学生的专业实践能力，使学生熟悉各类文化贸易企业的业务模式，了解文化贸易企业运营的整体流程，掌握文化贸易过程中的产品服务供给、市场营销定位、资金链管理中的关键节点，最终达到在实践中学习和掌握文化产品及服务的国际营销能力、跨国经营能力、跨文化传播能力及跨境物流管控能力等实践能力的目标。人文素养培养目标的设定应着眼于学生的家国情怀、人文情怀和世界胸怀三个方面，通过跨文化交际语言、跨文化意识和跨文化商务礼仪的教学，开阔学生的国际文化视野，增强学生对不同文化之间差异性的理解和敏感度，从而提升其从事具备特有的意识形态属性的服务行业的素质素养。

（三）创新精神目标

创新性人才是决定新一轮产业革命和科技革命乃至一国经济发展成功的核心战略资源。我国文化贸易的结构优化和竞争力提升自然也需要依靠创新人才来驱动。文化贸易人才培养模式的改革离不开创新精神目标的设定。创新人才的本质特征是具有创新意识、创新思维和创新能力，并且在不断创新过程中形成创新性人格。创新意识培养目标体现在培养学生发现文化贸易行业或企业痛点问题的能力，创新思维培养目标体现在针对具体问题抽象出可解决问题的方法的能力，创新能力培养目标体现在对解决实际问题的方法的具体实施和执行方面。创新意识、创新思维和创新能力三位一体，共同构成了新文科背景下人才创新精神培养目标的出发点和落脚点，对于促进文化贸易企业创新运营模式，推动文化贸易行业创新发展有着积极的意义。

此外，在设定文化贸易人才培养学科知识目标、能力素质目标、创新精神目标三大目标之后，需要增进学生对专业培养目标的了解。对于文化贸易专业的入学新生，在入学之初对其开展专业介绍活动，向新生详细讲解文化贸易专业的培养目标、课程设置、学习计划等，帮助学生了解文化贸易专业相关内容，帮助其明确今后的专业学习方向和实践方向，同时帮助其充分了解人才市场需求并做好职业规划。

三 优化文化贸易人才的教学模式

人才的教学是实现人才培养目标的路径、方法和手段，优化人才教学模式是文化贸易人才培养模式创新中的关键环节。决定文化贸易人才教学成果的三大要素是师资队伍、教学内容和教学方法，因此，建设跨学科专业师资队伍、使教学内容与时俱进、创新教学方法与教学形式就显得尤为重要。

（一）建设跨学科专业师资队伍

师资力量是学科建设和人才培养的重要组成部分，教师是学生专业知识的传授者、实践能力的培训者、创新思维的引导者，教师的教学能力、教学理念、教学内容和教学方法深刻影响着学生专业知识、专业能力的获取，建设跨学科交叉的高校教师队伍对文化贸易人才培养的质量提升具有重要作用。文化贸易领域涵盖经济、文化、管理等多个学科，实际业务中面临的问题复杂多样，仅仅依靠单一学科的知识内容无法处理和解决相关问题，需要通过跨学科交叉培养，帮助学生实现经济、文化、管理等学科知识的组合、整合乃至融会贯通，帮助学生形成跨学科的知识结构与创新的思维方式，培养学生解决实际业务问题的综合能力。这也对文化贸易专业师资队伍的建设提出了挑战，文化贸易专业教师不仅需要具备深厚的经济学功底和人文素养，还需要熟悉基本的经济运作规律和管理知识。

文化贸易专业师资队伍的建设需要切实结合行业和市场的需要，建设学科交叉、产学联动、校企联合的教师队伍。首先，促进高等院校不同学科学院之间的沟通和合作，破除高校在组织架构方面以学科为基础划分学院所造成的合作障碍，优化交叉学科师资队伍建设的内部环境。其次，优化高校教学科研环境，鼓励高校自主培养文化贸易学科带头人，通过学科带头人促进整个文化贸易师资队伍建设；激励文化贸易专业教师主动提高教学技能，通过专业培训、专题讲座、学术报告等多种途径来提高文化贸易专业教师队伍的业务素质。再次，倡导校企联合的建设方式，采用"引进来"和"走出去"两种方式增强文化贸易专业师资队伍的实力。从文化贸易企业中引进具备行业专业知识和从业经验的企业导师；鼓励高校教师进入文化贸易企业兼职和学习交流。最后，高校可通过人才招聘为文化贸易教师队伍注入新鲜的血液，并通过选拔优秀青年教师进行跨国交流学习，吸取文化贸易产业较为成熟国家的经验。通过建设专业基础扎实、专业素质完备、创新意识优良的跨学科师资队伍，文化贸易专业会逐步显现其学科优势，培养出一批卓越的文化贸易人才。

（二）与时俱进地更新教学内容

随着文化贸易学科和行业的发展变化，文化贸易人才的教学内容也应该与时俱进，根据学科理论的发展和市场行业的变化进行更新。文化贸易专业的教学内容要充分考虑时代背景的变化，紧跟学科和经济发展新趋势，注重知识传播的时效性。例如，随着近年来数字经济在国际文化贸易领域的融合发展，各类文化产品供给的形式和内容也随之创新和变化，数字阅读、数字音乐、数字影视、数字游戏等数字文化消费成为文化贸易的重要组成部分，文化贸易专业的教学内容也应包括数字经济与文化贸易相结合的新态势和新内容，探讨新兴的数字产品和服务的趋势与特征，引导学生关注和了解数字经济在文化贸易领域的新发展。又如，随着电子商务的兴起，跨境电商在国际贸易领域中的应用越来越广泛，文化产品贸易也逐步引入跨境电商的交易方式，贸易的流程标准、贸易争端的解决途径等也在发生变化，文化贸易的教学内容需要及时更新，通过设计跨境电商课程，向学生讲授跨境电商的运营知识，如跨境电商平台操作方式、跨境电商网店的开设与推广、跨境电商产品的设计与发布等，让学生进行最新的文化贸易实操实训，感受文化贸易方式的新变化与新趋势。

此外，案例教学是实现教学内容与时俱进的重要手段。案例教学能够有效保障教学内容随产业行业的变化进行及时更新，同时案例教学为学生提供了真实生动的文化贸易业务场景，有助于学生模拟解决现实业务中的具体问题，理论知识应用能力得以加强，专业实践能力得到提升，创新思维能力得到锻炼。高校需要建立文化贸易案例库，鼓励教师合作编写最新的文化贸易专业案例集，将文化贸易理论知识与市场企业实际案例融会贯通，从现实问题出发，引导学生对案例进行分析，从而实现教学资源的整合和教学效果的提升。

（三）创新教学方法与教学形式

文化贸易人才培养目标的知识结构交叉性和素质能力实践性决定了教学形式和教学方式的多元性。文化贸易专业课程教学应摒弃传统灌输式的教学方法，坚持"以学生为主体、教师为主导"的教学理念，灵活组织课堂教学模式，采取案例教学、商务模拟、专题讲授、实地调研等多种形式，集教师讲授、学生提问、讨论思考等教学方式于一体，帮助学生打破单向思维定式，提升学生学习的参与感，调动学生学习的积极性，提升学生创新思维能力，从而提升教学质量和效果。

此外，互联网技术成为文化贸易专业教学形式创新的重要手段，也应成为学生主动参与学习文化贸易知识的重要途径。文化贸易专业教师应在日常教学中充分利用互联网、多媒体等技术和设备展开教学活动，使课堂教学内容更加生动和易于理解，同时可以利用微课、慕课等网络课程资源进行教学活动，打破时空限制，满足学生个性化的学习需求。教学方法与教学形式的创新最终要体现在教学成果的实效性上，不能只注重形式创新而忽略了教学实效性这一内核，这就要求文化贸易专业教师注重师生互动，采用启发式的教学方法帮助学生进行主动的学习和思考。

四　创建文化贸易人才的实践平台

专业实践能力是文化贸易人才能力素质目标的重要组成部分，也是文化贸易行业对人才培养提出的必然要求。高校应根据文化贸易专业人才培养需求，建设和完善实践基地和实训平台。根据文化贸易专业的教学规律和文化贸易人才的成长规律，建设适合不同阶段教学培养特征的实践平台，以促进学生积极参与专业实践活动、锻炼和培养与专业相关的实践能力。

（一）完善校园实践平台

校园实践平台往往是文化贸易专业学生开始进行实习实践的第一个平台，也是检验其学习成果的第一步。为了文化贸易专业实践教学的有效开展，一方面，需要建立专业培训实验室，模拟文化贸易企业的运营场景，力求在近似真实的环境下使学生完成实践学习，培养学生个人解决问题的能力和团队协作的能力；另一方面，需要建设创新创业实践平台，鼓励学生参与文化贸易领域的创新创业活动，并为学生提供资金支持和创业辅导，使学生完整体验文化贸易企业从成立到运转的全流程，理解某一文化产品或服务的完整生命周期，在实践中迸发出创新思维的火花。同时，还应大力开发网络实践平台，为学生提供不受空间和时间限制的虚拟实践环境，满足学生自主支配实践时间的需求，教师也可以利用网络平台更加直观地引导学生完成实践活动。

（二）建设校企联合实践平台

文化贸易企业是文化贸易产业具体运行的最活跃的主体，能够为学生进行实习实践提供最真实的业务场景。高校与企业联动构建实践平台是文化贸易人才了解市场需求和锻炼实践能力的重要途径。建设校企联合实践平台，帮助学生进入文化贸易企业进行实习，按照企业实际业务的需求和学生的意愿能力匹配岗位。学生通过参与文化贸易企业项目，了解自身能力与企业需求之间的差距，找到自己的竞争优势和不足，并在实践中增强优势和补齐短板。同时，学生通过校企联合实践平台进行实践，了解和掌握文化贸易行业的发展趋势及方向，提前进行职业选择和职业规划，便于今后在正式走上工作岗位时，能够快速融入企业的发展运营中。

（三）拓展文化产业园区实践平台

文化产业园区在承载文化产业市场主体、激发文化产业内生动力、推动文化产业高质量发展上发挥着重要作用。随着我国文化产业园区数量的增加、规模的不断扩大，文化产业园区人才的集聚效应也逐步增强，同时也为人才实践能力的培养提供了平台和契机。文化产业园区往往聚集了整个产业链上、中、下游不同类型的企业，涵盖了文化贸易产品和服务从生产到消费的全流程，相较于单一的企业实践平台，文化产业园区平台可以拓展学生对文化贸易全产业链的认知和理解。高校应该利用好文化产业园区的聚集优势，联合文化产业园区建立实践基地和平台，促进产学联动，帮助学生深入文化贸易产业和企业中进行实践活动，培养出兼具实践能力和创新能力的人才。

五　完善文化贸易人才的教学评价体系

文化贸易人才培养评价是人才培养模式的最后一环，也是高校人才培养质量检验的重要环节。教学评价体系要重点关注教师和学生两大群体，同时引入文化贸易企业的评估反馈结果，进一步完善文化贸易人才的教学质量评价体系，还要注重文化贸易专业人才培养质量的过程评价，实现文化贸易专业人才培养评估的常态化和规范化。

（一）教师教学评价

教师是影响文化贸易人才教学质量的关键，建立起跨学科交叉的文化贸易专业高校教师队伍后，需要及时考核评估教师的专业能力与教学水平。目前，高校对教师的评估大多侧重于科研能力和科研成果，而对于教学水平的考核评估不足。因此，制定切实可行的教学水平评价办法及合理的评价指标，是教师教学水平得以不断提高的关键。

高校要完善文化贸易专业教师的内部评价机制，采用教学检查、交叉评价、学生评教等方式对教师的教学水平进行考核，公开透明地进行教学评教活动，保证参与评教的人员能够做出真实有效的评价，从而使得评教数据具有真实性和可参考性。鼓励学生积极参与评教活动，充分挖掘教学过程中存在的问题，了解学生的评教意见和建议，为文化贸易专业教学质量评估提供重要依据。此外，文化贸易专业教学评价指标的建立可以从以下几个方面入手：一是跨学科理论知识的讲授是否系统专业；二是教学内容是否能够及时更新；三是教学方式和方法是否新颖、有效；四是学生的学习成果的实效性如何。

（二）学生成绩评价

对文化贸易专业学生成绩的评价不能采取单一的分数标准，应从成绩、实践、创新等多个维度进行考核，实现评估方式的多样化、科学化和全面化。对学科成绩的评估需要根据不同学科的特点展开，综合采用闭卷考试、开卷笔试、口语考试、论文考核等方式，多维度评价学生对课程知识的掌握情况。对实践能力的考核需要从实践数量和实践质量两个角度展开，数量标准要求学生完成一定量的实习实践活动方能达标；质量标准则侧重于考查学生的专业技能、解决问题的能力和实践成果等方面。对创新能力的评价需要落实到创新成果的产出上，关注课堂作业创新、专业论文创新、创业比赛创新等几个重点创新领域。

此外，学生成绩评价的主体也应多元化，任课教师、同班同学、实习实践企业和学生本人都应作为学生成绩评价的主体，以确保评价的客观性和准确性。任课教师主要评估文化贸易专业学生的课堂表现和结课成绩；同班同学负责评价学生的学习状态；实习实践企业侧重于评价学生的实践能力和创新能力；学生本人的自我评价则是全方位的自我判断和评估。

学生成绩评价的目的不仅是对文化贸易人才培养成果的评估，更重要的是全方位地发现人才培养中存在的问题，包括教学内容在理解掌握方面的难点、学习方法和学习途径的不足、解题思路和创新思维的欠缺等，从而针对学生的问题改进人才培养模式，解决文化贸易专业学生学习的重点、痛点和难点问题，促进学生全方位适应文化贸易行业对人才的需求。

（三）企业反馈评价

高校培养的文化贸易人才最终要进入文化贸易企业中继续"深耕"，助力我国文化贸易的结构优化和竞争力提升。因此，文化贸易企业对人才的评价反馈十分重要。高校在以往关注毕业学生就业率的基础上，要继续跟踪学生进入文化贸易企业后的表现情况，获取企业对于文化贸易人才的评价反馈。企业反馈的评价信息可以帮助高校进一步了解人才培养和人才需求之间的差距，从而改进人才培养模式的方案，提升文化贸易人才的综合素质和市场适配度，形成人才培养、评价反馈、迭代培养的良性循环，促进高校不断为文化贸易行业输送基础知识牢固、实践能力扎实的高质量人才。

参考文献

[1] 王海文：《我国文化贸易人才需求现状分析与展望》，《中国

大学教学》2017年第1期。

[2] 王洪涛、王业斌：《国际文化贸易人才培养模式构建研究》，《传播与版权》2016年第12期。

[3] 袁冬梅、王妍慧、刘玉梅、洪联英：《"三高四新"战略下新商科经贸类人才培养模式创新研究》，《岭南师范学院学报》2021年第6期。

[4] 王婧：《国际文化贸易：人才培养、课程内容与教学方法》，《东方企业文化》2015年第21期。

[5] 何传添、梁晓君、周燕萍：《中国文化贸易发展现状、问题与对策建议》，《国际贸易》2022年第1期。

[6] 傅晓冬、杜琼：《数字经济对中国文化产品出口贸易的影响研究》，《宏观经济研究》2022年第3期。

[7] 李小牧、李嘉珊：《中国文化贸易人才培养：实践、困境与展望》，《中国大学教学》2014年第11期。

[8] 陈静、汪锐、秦娟娟：《新文科视角下外国语大学人才培养模式研究》，《黑龙江教育》（高教研究与评估）2021年第10期。

[9] 张艳虹、林悦：《新文科建设背景下跨学科人才培养的实施路径研究》，《大学：研究与管理》2022年第3期。

[10] 刘柏亨、曹雪桐、周雯：《数字媒体艺术专业跨学科人才培养的探索》，《中国高等教育》2020年第22期。

关于交叉学科人才培养的探讨

李德刚[*]

随着当代科学技术的飞速发展，各学科之间相互渗透、相互交叉、高度融合，愈发表现出系统化、一体化的倾向，学科交叉也成为当今时代科学发展的重要特征。[①]同时，伴随着知识生产、传播与共享模式的日渐多样化、复杂化，社会对高素质的跨学科人才的需求也逐渐增加，各国通过发展交叉学科来培养复合型人才，这已成为各国高等教育改革的重要趋势。

人才是立国之本、筑国之基，经济社会的发展与科技的创新也无法脱离人才。面对新形势，为推动我国高校进行教育创新、提升教育质量，要积极推动和发展跨学科人才的培养，培育出具有综合型知识结构与能力的高素质人才，这也是我国高等学校教育改革和发展的必经之路。2019年，教育部、中央政法委、科技部等13个部门联合启动"六卓越一拔尖"计划2.0，全面推进新工科、新农科、新医科和新文科建设，进一步提高了对培养跨学科综

---

[*] 李德刚，北京第二外国语学院教务处，副教授，主要研究方向为国际金融、国际贸易。

[①] 高磊、彭大银、赵文华：《学科交叉研究生培养研究综述及思考》，《研究生教育研究》2011年第3期。

合型人才的要求。如何深度理解学科交叉的含义与价值、以学科交叉融合推动高层次和高素质人才的培养，是当今时代需要我们去迫切思考和解决的重要问题。

一 交叉学科内涵解读

1926年，交叉学科这一概念首先由美国心理学家伍德华兹于美国科学研究理事会上提出，但学界对其尚未形成公认的定义。王孜丹等认为，"交叉学科从广义上讲是指由两门或以上不同学科交叉渗透形成的学科，包括了多学科、交叉学科以及跨学科的意蕴，从狭义上讲指的是不同学科交叉所形成的新学科，它来自被交叉的原有学科，但又不同于已有学科"[①]。刘仲林指出，"交叉学科是指两门或者以上的学科相互结合、彼此渗透交叉而形成的新学科"[②]。钱学森认为，"交叉学科指自然科学和社会科学相互交叉地带生长出的一系列新学科"[③]。

基于前人的研究，笔者认为，交叉学科的特征是跨学科性、创新性和应用性。其一，在内容上，交叉学科是由两个或多个学科相互渗透融合而成。其二，无论是在一个科学部门内部的不同学科之间，还是某些整体科学部门之

[①] 王孜丹、杜鹏、马新勇：《从交叉学科到学科交叉：美国案例及启示》，《科学通报》2021年第9期。
[②] 刘仲林：《现代交叉科学》，浙江教育出版社，1998。
[③] 钱学森：《交叉科学：理论和研究的展望》，《机械工程》1985年第3期。

间，都可能形成新的交叉学科。其形成的方法没有固定的形式，它可以是不同学科之间相互关联内容的交集点，也可以是通过不同学科之间的理论、方法和思维进行相互交换而来，体现了交叉学科的创新性。其三，交叉学科的发展方向以应用性为主导。为适应社会的发展，不同的学科逐渐应运而生，以满足人们生产生活的需要。为应对人类所面对的各种危机，必须将各个单一学科进行整合，充分发挥交叉学科的优势，系统、全面地探索问题的解决方法，这既是交叉学科起源和形成的直接要求，又是其应用性特征的体现。

二 交叉学科人才培养是时代的需要

在当今世界，经济、人口、资源环境、能源及和平与安全等各方面都存在一系列关乎人类社会发展的问题，而单一学科无法解决这些复杂的问题。因此，必须由众多学科的研究人员联合起来，综合运用多个学科的知识理论与方法，从不同角度审视问题、解决问题。这就要求不同学科之间相互融合、交叉渗透，科研工作者也要更广泛地进行交流合作、取长补短。研究生教育是培养高层次、高素质拔尖创新人才的重要途径，在我国社会经济发展和科学技术进步的过程中发挥着举足轻重的作用。为解决目前社会面临的复杂问题，要大力推进交叉学科复合型人才的培养，这不仅是我国高等教育改革与发展的前行力量，还是当今高校肩负的时代任务。

（一）交叉融合是当今科学发展的必然趋势

各学科的形成与科学知识的逐步分化有着不可分割的联系，而这些高度精细化的科学知识体系也逐渐推动各学科的形成与发展。在古希腊时代，一切知识都包含在"哲学"范畴中。从15世纪开始，随着近代科学不断发展，人们对自然、社会与自身的认识越来越深入，自然科学、社会科学等学科逐渐脱离了"哲学"范畴。从那时起，随着自然界被人类认知的程度和人类改造自然的能力不断提高，人类的知识系统也越来越丰富、越来越复杂。各学科分支不断产生、蓬勃发展，诞生了诸如社会学、理学、工学、军事学、医学等一系列新学科，学科分化愈发成熟，其间的区别也越来越大。到20世纪中期，人类知识体系的发展已经呈现高度分化的特点，同时又具有高度的综合性，是二者的有机结合。一方面，知识的分类研究比近代科学更详细、更深入；另一方面，由于交叉学科的兴起，知识体系综合化、整体化的倾向更加明显。学科知识的生产蓬勃发展，学科内在的知识边界变得日益模糊。知识类别的划分越来越细，造成单一体系知识无法适应科学发展、社会与经济发展需要的现象。知识的内在发展规律使得各学科的知识在持续不断的分化中又一次走向融合。

（二）科技创新与发展亟须交叉学科人才的培养

20世纪中期以后，随着科技的进步，各类科学技术相互渗透融合，许多边缘学科、交叉学科和复合型学科等新兴学科相继出现，现代科技全面发展。各学科之间的联系越来越紧密，学科的边界也变得更加模糊，自然科学、社会科学和工程技术相互交织，形成一张越来越紧密、越来越复杂的网。诸如激光技术、核磁共振技术、计算机技术等各类新技术皆产生于这张复杂的网中，由多种学科理论和手段组合而成。1901~1990年共颁发了82次诺贝尔化学奖，其中交叉学科的占比达到了87%，生物化学、物理化学和结构化学三个学科获得了71个奖项[1]，这些学科是化学、生物、量子力学等诸多学科相互融合的结果。法国作家普鲁斯特曾说："真正的发现之旅，不在于寻找新大陆，而是以崭新的眼光看待事物。"换句话说，对于在某一学科无法解决的问题，只要能适当利用其他学科的理论、方法和技术，转化思路，很可能该问题就会迎刃而解。跨学科研究的巨人、控制论之父维纳曾表示："两名科学家进行沟通，在创造科学和复兴科学方面具有巨大的价值意义，但需要建立在以下条件的基础之上：至少有一名科学家代表跨越界限，将邻近科学的理念纳入到一个有

---

[1] 《历史上的诺贝尔化学奖（1901－2020）》，澎湃官网，2021年10月6日，https://www.thepaper.cn/newsDetail_forward_14794770。

效的思考方案中去。"不同学科专家学者的共同努力促进了科技的发展。但科技的发展,更重要的是,需要培养一大批具有跨学科思维能力、拥有多学科知识与方法、善于汲取其他学科精华的高素质优秀人才。因此,探索并构建交叉学科人才的培养方式,对我国科技发展和改革具有重要意义。

(三) 交叉学科人才培养是经济与社会发展的当务之急

当前,全球经济和社会发展面临诸多问题,而这些问题已经超越了传统范畴,跨越了学科的界限,形成世界性的难题。例如人口问题、能源资源问题、国际贸易摩擦问题、生态平衡和环境保护问题、国家安全问题等。这些跨学科、跨领域的复杂问题,无法依靠某个学科或某个专业领域的人员来处理。要扫清这些经济社会发展道路上的障碍,必须把各学科的专业人士联合起来,打破单一学科的局限,以跨学科视角、多角度地考量问题,寻找解决问题的办法。一方面,过度强调单一专业领域,会使一个问题的整体被分割开来;另一方面,一些专有名词和特有的学说使得各学科产生难以跨越的鸿沟,进而使各学科学者的视野和思考范围受到限制,妨碍他们对某一问题的认知、理解,不利于彼此的交流探讨,最终导致大量综合性难题无法得到有效解决。全球经济与社会的发展亟须大量拥有综合知识背景的高素质专业人才,依靠他们跨学科的知识背景和技术背景来更好地解决各类复杂难题。因此，要想解决科技、社会发展中遇到的各种问题，以及满足就业和工作的需求，就要推动高等教育交叉学科改革，加大交叉学科人才的培养力度，不断推动知识、技术和制度创新。

三 交叉学科人才培养面临的困境

交叉学科的人才培养要求多学科知识的相互融合与多学科专家的参与，其综合且复杂多样的特点使其存在一定的困难与问题。

（一）对交叉学科研究和教学认知不足

目前交叉学科的研究和教学都取得了一定的进步，但仍面临诸多问题。长期以来，人们都习惯于局限在某一明确学科范围内进行"纵深"型的研究，不愿打破现存的学科界限，将研究范围拓展到所研究的学科以外，与其他学科进行"横向"交流。所以，在实际研究中，从事交叉学科研究的学者常常会遇到许多难题，得不到同行的理解与支持，也得不到从事其他学科研究的学者的认可。近年来，人工智能、大数据等技术蓬勃发展，其与诸多学科的结合也促进了交叉学科的发展，但在那些跨度大的项目上，例如自然科学与社会科学的融合、科学和技术大类学科之间的交流合作等，交叉学科仍难以获得支持。

(二) 交叉学科课程设置上面临的问题

交叉学科研究并非多学科的简单相加，它带来的协同效应也不是多种学科知识的叠加，而是会产生新的知识。若跨学科研究的力度和广度不充分，专业课程的设置就难以实现多种理论、知识、人才、研究方法的交叉与融合。此外，课程设置还需考虑契合学生需求，否则可能导致第一专业与第二专业课程比例失调。

(三) 师资队伍建设上存在的问题

研究生导师的学术水平、综合素质、对学科前沿的认知以及与同行和从事其他学科研究的学者交流沟通的能力对研究生培养与发展存在重大的影响，特别是对交叉学科的研究生培养尤为重要。[①] 从目前情况来看，交叉学科人才培养过程中仍面临不少问题。有的导师对跨学科领域的知识不够熟悉，只专注于某一特定的研究领域，而交叉学科人才的培养牵涉两个或以上学科领域，不能仅依靠某一个导师的指导。有的交叉学科的导师的课题仅仅是几个学科知识内容的简单相加，没有实现深度融合。这样非但不能产生创新成果，还会影响科研水平及学生素质的提高，从而影响了交叉学科的发展。因此，要想满足交叉学科飞

---

① 高虹、孙忻、刘颖、陈皓明：《对交叉学科研究生培养的思考》，《学位与研究生教育》2002 年第 4 期。

速发展的需求，必须在提升交叉学科教师数量的同时改善师资的质量。

（四）交叉学科面临的现行机制体制障碍

在交叉学科领域，国内的研究发展相对滞后，交叉学科在国内的科研与教育体系中，缺乏制度上的支持与保障。具体而言，交叉学科的发展在制度层面的困难主要有以下两个方面。

第一，相关学科所属学院缺乏发展交叉学科的意愿。我国高校院系的划分使得学科设置固定化，教学、科研人员和学生都有着明确的"归属"，一般情况下教师也没有权利使用其他学科的资源。实施学科交叉，其主要方式是建立一个独立的二级机构，同时配齐专门的教学研究人员，这些专职的教学科研人员主要来源于相关的学院。对于所涉及的不同学科领域的学院而言，这势必要将一些优秀的教学科研人员从自己的机构中抽离出来，影响到相关学院的教学科研实力、科研绩效以及相关的政策支持等，从而影响到相关学院的发展，这些学院自然会对发展交叉学科缺乏积极性。

第二，有关学科的专业教师以及科研人员积极性不足。对于进入新设立的交叉学科独立机构的教学科研人员来说，新的学科交叉领域虽然与其原来专业相关，但同时也存在一些差别，这种差别会在短时间内使他们存在一个适应的过程。此外，交叉学科的实际开展与可持续发展都存在相当的不确定因素，使得从事跨学科领域研究的研究人员常常对于自身的职业发展产生疑虑，造成了交叉学科人员不稳定的情况。

四　对交叉学科人才培养的建议

针对目前交叉学科人才培养与教学方面存在的困难与问题，笔者提出以下几个方面的建议。

（一）转变交叉学科发展观念

交叉学科能充分发挥各学科的长处，从多角度对重大问题进行分析，作为学科系统中的新兴学科，引领着当下科学发展的新潮流。各学科的专家学者必须正确认识交叉学科，转变观念，要切实认识到，科学的灵魂是创新，学科的交叉点是产生创新的一片沃土，交叉学科的研究对培养高层次人才科研创新能力具有重大作用，指引了人才培养的方向。转变交叉学科发展观念，一方面要打破自我的禁忌与封闭，另一方面要多向"圈外人"借鉴和学习，主动了解其他学科的知识理论与研究方法，加入本学科的内容，建立起相互影响、相互补充的关系，共同促进前沿交叉学科的研究与发展。

（二）科学调整培养方案，优化课程体系

在培养计划方面，学生可以在完成自己本专业领域内

课程的基础上，选修其他专业的课程。比如，理工科的学生可以选修经济学、管理学、人文科学等。若学校所在地高校数量较多，可与其他高校形成联盟，准许学生跨校选修课程，在确保教学质量的同时，准许学生修读第二学位，并可适当延长此类学生的学习年限。在毕业设计、毕业论文的选题过程中，给予学生更多的选择空间，这既能拓宽学生的眼界，也能使其在相关领域取得新的突破。

在专业课程建设方面，第一，要通过开设文理渗透、理工结合的复合型专业，从课程布局上进行转变，从而实现"厚基础、宽口径、强实践"的特色人才培养方案。美国某大学的"社会中的化学"课程，打破了以往以学科知识为核心的教学传统，将社会议题作为课程核心，并且每一个议题的安排都与当代社会现实息息相关。事实上，复合型课程中不同学科专业的界限日益模糊，这类课程也更接近现实生活，在实践与学习的过程之中，可以持续地构建学生更加广阔的知识体系。第二，多样化的教学内容更能促进交叉学科的发展。要使高校的强势学科和特色专业具有集聚效应，就要以优秀人才为重要支撑，充分利用和优化现存的资源。比如，在文科方面具有一定优势的高校，可以将人文学科的各内部学科进行整合，建设新的复合型交叉学科课程。第三，为了顺应社会的发展，要及时修订课程的教学内容，以保证教学内容与时俱进。应用性也是交叉学科的一个重要特征，体现在其始终与社会发展紧密联系、致力于应对社会问题上。所以，要将前沿学科与其他学科交叉融合，形成具有高水准的交叉学科。

（三）完善交叉学科师资队伍建设，保障交叉学科人才培养质量

首先，对师资队伍的选拔制度进行改革，在准许破格录用的同时必须注重严格把关。在全国乃至世界各地选拔勇于探索、热爱教育事业、具有终身学习精神同时具备交叉学科知识储备的杰出人才。其次，各高校应尽力创造条件，为促进师资队伍建设提供良好环境。各高校应支持教师修读跨学科的学位；运用自身的有利条件，组织不同学科背景的教师一起从事研究工作和进行学术交流；派送教师到国外进行访学交流，借鉴各国不同学科专业教师的经验。

（四）强化体制改革，营造交叉学科研究氛围

一方面，要强化与教育相关的体制改革，以促进交叉学科的科研与教育的发展。各级政府、各相关科研机构要从政策上给予高等院校、科研院所等培养单位大力支持，从设施配备、机构设置、相关法律法规的制定等方面创造有利于交叉学科发展的良好科教氛围。同时，为了保证交叉学科的深入研究与平稳发展，应做到处理好交叉学科教学和单一学科教学之间的关系；协调好跨学科教学的外部与内部关系；对交叉学科研究计划和教学计划给予充足的经费支持；大力推动交叉学科研究和教学的

有效成果落地。

另一方面，要搭建学术交流的平台，为交叉学科的研究发展注入新的思维源泉。定期举办学科论坛、座谈会，鼓励各学科教研人员参与，形成良好的学术文化氛围。倡导学术民主，激励创新精神，鼓励不同学术观点的碰撞，促进交叉学科的发展和学术理念的融合。此外，还可以支持设立以科研项目为桥梁、机制更具弹性的交叉学科科研机构。这类机构通常是虚体的，不由学校提供固定办公场所，对于核心人员可以采取"兼聘"制。

五　结语

总之，长久以来的科学发展历程与趋势已显示了交叉学科是科学发展的必由之路，是提升科技创新能力、促进科技进步的重要手段。在交叉学科蓬勃发展的今天，我们要充分发挥交叉学科人才培养机制的作用，建立交叉学科创新发展体系，这是我国培养高层次人才的重要举措，也是我国高校跻身世界顶尖行列、国家实施创新驱动发展战略的必然选择。此外，交叉学科还需要体现学校学科特色，才能实现更好的发展。社会的发展要求各领域的高素质人才齐心协力，共同进步，因此，交叉学科人才培养工作显得尤为重要，交叉学科的教学研究与探索是做好人才培养工作的方向。

参考文献

[1] 高磊、彭大银、赵文华：《学科交叉研究生培养研究综述及思考》，《研究生教育研究》2011年第3期。

[2] 王孜丹、杜鹏、马新勇：《从交叉学科到学科交叉：美国案例及启示》，《科学通报》2021年第9期。

[3] 刘仲林：《现代交叉科学》，浙江教育出版社，1998。

[4] 钱学森：《交叉科学：理论和研究的展望》，《机械工程》1985年第3期。

[5] 高虹、孙忻、刘颖、陈皓明：《对交叉学科研究生培养的思考》，《学位与研究生教育》2002年第4期。

[6] 周光明、段书凯、杜彬恒、邹显春、朱亚萍、陈时见：《拔尖创新人才培养的典型模式和实践反思》，《西南师范大学学报》（自然科学版）2013年第5期。

新文科建设背景下外语院校跨学科专业人才培养路径研究

——以北京第二外国语学院"多语种复语，跨专业复合"人才培养改革实践为例

张华杰[*]

一 研究背景

随着中国特色社会主义进入新时代，教育的基础性、先导性、全局性地位和作用更加凸显，无论是国家战略的实施，还是区域经济社会的发展，均对高等教育寄予更高的期望。从全球来看，当前新一轮科技革命和产业革命正在兴起，重大科技创新正在引领社会生产的新变革、新需求，互联网、人工智能等新技术的发展正在不断重塑教育形态，知识的传授方式和获取方式、教和学的关系正在发生深刻变革。社会对教育的需求更为多样，对高质量、高融合、更加公平、更具个性的教育需求也更为迫切。

在这一背景下，教育部、中央政法委、科技部、工信部等13个部门决定实施"六卓越一拔尖"计划2.0，在基础学科拔尖学生培养计划中，首次增加了心理学、哲

---

[*] 张华杰，北京第二外国语学院教务处。

学、中国语言文学、历史学等人文学科,"新文科"概念应运而生。相较于新工科、新医科、新农科,新文科出现更晚,而随着"六卓越一拔尖"计划2.0的正式启动,新文科建设引起了社会更广泛的关注。"新文科"的核心旨归和具体内涵乃至实现路径究竟是怎么样的,学界并无明确结论。但至少有两点已形成共识:一是从宏观学科维度上讲,学科交叉和整合是新学科建设的重要手段;二是从微观教育教学方式上讲,注重现代信息技术与高等文科教育教学深度融合,促进传统文科教育方式和学习方法创新,是传统文科建设实现"弯道超车"的利器。

这实际上已经为新文科建设指明了方向。那么具体到高校本科层次新文科人才的培养方面,如何才能使"新文科"概念落地呢?可以借鉴"新文科"这一概念的提出者——美国希拉姆学院的做法。希拉姆学院于2017年率先提出"新文科"这一概念,即指对传统文科进行学科重组、文理交叉,即把新技术融入哲学、文学、语言学等课程之中,为学生提供综合性的跨学科学习体验和经历。

具体到国内高校,尤其是学科覆盖相对较少的以文科为主的外语类高校,尊重学生学习意愿,给学生更多的自主权,改革传统人才培养模式,打破沿袭多年的学科、专业壁垒,对传统学科、专业进行转型、改造和升级,进行文科专业创新建设探索,提供综合性的跨学科专业学习机会和更加灵活、更加多样的培养路径,则是进行新文科建设的必然选择。

二 研究现状及问题

自"新文科"概念提出后，如何将之与外语类院校自身实际结合起来，响应新文科建设号召，参与新文科建设，培养适应新时代需求的外语人才，在外语院校圈引发较为广泛和深入的讨论。尤其是教育部高教司吴岩司长在第四届全国高等学校外语教育改革与发展高端论坛上发表题为《新使命、大格局、新文科、大外语》的演讲，对新文科建设背景下外语人才培养提出要求，之后关于新文科或新时代背景下外语人才培养的定位、目标以及路径等方面的探讨越来越多。如上海外国语大学姜智彬发文《新文科背景下我国外语人才培养的战略定位》，认为外语学科专业人才培养需要重新进行战略定位，实现"五个战略定位"的彼此协同："培养坚定的'以德为先'政治素养、培养夯实的'多种语言+'人文素养、打造立体的'国别区域+'综合能力、发展精湛的'交叉区域+'专业能力、拓展前沿的'语言智能+'科技能力"[①]；天津外国语大学的王铭玉、张涛发文《高校"新文科"建设：概念与行动》，认为新文科体现了人文社会科学的一般特征，同时又具有战略性、

[①] 姜智彬：《新文科背景下我国外语人才培养的战略定位》，《中国社会科学报》2019年4月4日，第5版。

创新性、融合性、发展性这些新的特征，应把握新文科建设的重点方向，提出"观念重构、结构改造、模式再造、平台垒筑、类型分布"[①] 五大举措。无论是外语人才培养的重新定位还是具体举措，均涉及融合。交叉、融合培养，对于国内高校来说并不是新事物。实际上，出于对人才培养需求的考虑，打破原有学科、专业壁垒，进行跨学科、跨专业的复合型人才培养尝试，在国内并不鲜见。实践至今，目前的复合型人才培养主要依托部分专业内单独开设的复合型课程、辅修专业、双学位、人才培养实验班或带有实验性质的书院等形式。上述形式存在课程安排时间难以协调、课时费需要单独核算、教学工作量难以核算、院系师生对其重视程度低等问题，其不仅参与度低，投入巨大，而且覆盖面有限，跨学科、跨专业复合型人才培养的质量和效果难以保证，以致逐渐难以为继。尤其是上述形式均独立于高校整体培养方案之外，作为培养方案之外的特殊个体存在，并不能与高校培养方案有机融合，均是在一块划定的"试验田"范围内进行，有较大的局限性。这基本上也是国内高校跨学科复合型人才培养面临的共同问题。

[①] 王铭玉、张涛：《高校"新文科"建设：概念与行动》，《中国社会科学报》2019 年 3 月 21 日。

三 北京第二外国语学院"内嵌外生式"跨学科专业人才培养改革实践

在总结以往复合型人才培养模式经验的基础上，北京第二外国语学院将原有外置式的复合培养形式如辅修专业、双学位、人才培养实验班等纳入学校整体人才培养方案中，升级为内嵌式"外语复语＋专业复合"人才培养模式，其间又不断总结学校参与北京市人才培养项目的人才培养经验，如外培计划、双培计划、实培计划、贯培项目、法国夏斗湖海外办学项目等，将之补充完善进学校整体复合型人才培养方案中，提升复合型人才培养质量，最终形成"校内＋校外""国内＋国外"双重复合格局的内嵌式复合型人才培养模式。这一人才培养模式即是北京第二外国语学院对以上问题的整体解决方案。

该方案回应国家"一带一路"倡议和北京市"四个中心"功能定位对外语人才的新要求，回应"以学生为中心"的教育理念，回应学生发展需求，借鉴"北京高等学校高水平人才交叉培养计划"思路，自2012年始对原有人才培养模式不断升级，最终于2016年通过建立开放的跨学科选课平台、"主－双－辅"内嵌的培养方案和成本"0"增长的配套教学管理机制，实现外语院校跨学科、跨专业人才培养模式的升级创新，助力全国外语院校的复合型人才培养改革，进而对多科类大学的人才培养形成有益借鉴，服务国家"一带一路"倡议，更好满足新时代的新需求，并于2017年获得北京市高等教育教学成果奖一等奖。

学校人才培养模式的升级，其主旨及思路与新文科跨学科专业融合的理念不谋而合。人才培养方案升级的过程，实际上也就是完成了复合型人才培养模式由外置式到内嵌式的转变，形成了"外语复语+专业复合"的校内跨专业复合、校外（跨校、跨国、跨培养层次）复合的内嵌式复合型人才培养模式。

内嵌是相对于外置而言。所谓内嵌，即将原有外置式复合型人才培养主要依托的形式，如辅修、双学位、人才培养实验班等，统一纳入学校整体人才培养方案中，不再单独设立课程、辅修专业、实验班等复合形式，解决外置式复合培养的弊端，真正打破院系专业课程壁垒，实现不同院系、专业课程开放互通，强化院系协作与资源共享，突出复合培养的灵活性、针对性和实效性。学生按照培养方案修完一定学分，自然满足复合型人才培养目标。

此种模式下，经过近6年的探索实践，北京第二外国语学院形成了以"多语种复语、跨专业复合"为特点的外语类专业和非外语类专业跨学科、跨专业复合型人才培养模式，在此模式下，外语类专业和非外语类专业学分结构图1所示。

为保障新版人才培养方案的落地，北京第二外国语学院调整全校教学时间段，提高各单位排课的灵活度，为学

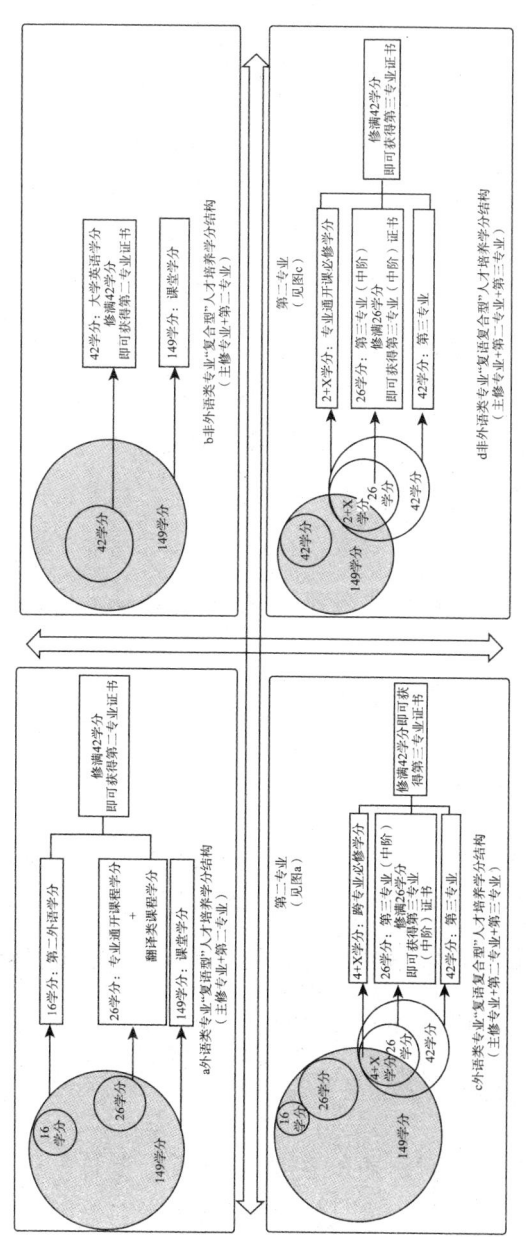

图1 北京第二外国语学院外语类专业和非外语类专业学分结构示意

生选课提供时间与空间上的保障；修订培养方案，在整合课程体系、提升专业课程质量的同时，调整、压缩各专业学生毕业时所要求的学分，并且制定免修不免考制度和辅、双课程学分互认制度，为学生按照自己意愿进行跨学科、跨专业修读课程提供更大的政策空间；升级教学管理平台，打造全新的排课、选课、排考模式，保证专业类交叉选课、跨年级专业交叉选课和结课考核的可操作性和规范性；引入并自建在线课程，打造课程在线教学平台，为学生跨学科、跨专业自主学习提供更多的学习资源支持；推行跨学科、跨专业选课资格审核制度，建立过程淘汰机制，有效保障跨学科、跨专业复合型人才培养质量等，北京第二外国语学院采取多种创新举措，以期推进人才培养方案顺利实施。

四 实践困境

实践过程中我们发现，带有新文科特征的跨学科专业人才培养，还需要在跨学科专业资源评估与供给、跨学科专业学习指导和跨学科专业学习效果评估与质量保障三个方面进一步深入研究、实践。

（一）跨学科专业资源评估与供给

外语类院校普遍存在学科门类不全、学科专业设置同质化的问题，实际上不只是外语类院校，科类大学都存在这样的学科专业布局问题。在学科专业受限的情况下进行跨学科、跨专业的复合培养，这对外语类院校的跨学科专业资源供给提出了挑战。虽然依托目前慕课平台资源解决了部分资源供给问题，但对慕课课程内容与校内课程的衔接度、内容的恰切度还缺少应有的评估。

此外，对供跨学科专业学生修读的课程乃至课程体系没有进行内容上的调整、修订，缺少对跨选学生基本学情的考虑；对辅修课程、辅修专业学位课程的学分要求缺乏弹性考虑，对形成基本学科专业思维和认知的课程学时量缺少客观、科学的考量。

（二）跨学科专业学习指导

在校生进行跨学科专业修读往往始于大一下学期，对于跨学科专业修读缺乏较为理性的认知，对于跨选的专业、方向、课程相对来说都缺乏一定的了解，学校除了有跨选政策解读和宣讲会外，尚无更多措施来解决学生跨学科专业修读指导的问题，学生很容易在没有帮助的情况下基于从众心理选了与预期或原有认知不符的专业，从而在专业学习面临困难时中途放弃，浪费跨选课程资源和宝贵时间。

（三）跨学科专业学习效果评估与质量保障

在全校范围内鼓励学生进行跨学科专业修读，达成复合型人才培养目标，需要对学生复合培养成效进行跟踪、评估，收集质量数据信息，从而不断改进培养环节乃至招生工作。但是，一方面，目前学校还未建立起辅双课程质量标准，也未对辅双课程进行课程评估，暂时无法判断和保障这类课程的质量，尤其是辅双课程的线上课程，缺少质量监控评价手段和措施；另一方面，学校对学生跨学科专业修读的学习体验和学习效果缺乏必要的调研和评估，缺乏相关数据和改进信息。质量保障制度建设和运转尚未形成闭环，无法拿出令人信服的质量数据来判断人才培养模式的有效性。

五 人才培养方案4.0：新时代新文科背景下人才培养方案再升级策略思考

如果说复合型人才培养与传统经院式单一外语和基础技能型人才培养相比，是外语类院校人才培养的第二阶段，是外语人才培养的2.0升级版，北京第二外国语学院目前正在实施的内嵌外生式"多语种复语、跨专业复合"的跨学科专业复合型人才培养模式是外语人才培养模式的3.0升级版，那么笔者判断即将修订升级的2024版人才培养方案可以称为人才培养模式的4.0升级版。而2024版人才培养方案相对于3.0升级版，其升级应主要体现在对3.0升级版尚存问题的解决上。笔者建议可以从以下几个方面入手。

（一）基于学时、学分换算关系改革的课程评估和学分制改革

2019年10月，教育部发布的《关于深化本科教育教学改革 全面提高人才培养质量的意见》明确指出，要"完善学分制"，支持高校进一步完善学分制，扩大学生学习自主权、选择权。笔者认为下一阶段启动基于学时、学分换算关系改革的课程评估和学分制改革，对于解决复合培养所需的课程（资源）质量和规模（学时量）评估测算问题将大有助益。基于学时、学分换算关系改革的课程评估可以解决跨学科专业课程（资源）质量评估的问题，与之相应的学分制改革则可以解决辅修课程总量控制的问题，建立起科学、弹性、多样的辅修专业达标的学分标准。

进行学分制改革，需要摒弃现有对学分的僵化理解和认识，回到学分的定义和原点。1991年出版的《教育大辞典》对"学分"的解释是，衡量学生学习量的一种单位。19世纪70年代以后，美国高等学校广泛实行选修制，各中学的课程设置有很大的差别。学生间所学的课程和学习进度不一。为掌握学生学习情况，审查入学、转系、转学、毕业等事项，需建立衡量学生学习状况并可供比较、判断的统一标准。这一标准的单位在19世纪末20世纪初被定为"学分"，并逐渐为其他一些国家所采用

(名称有的不同)①。人才培养质量标准和人才的多样化导致了教学计划的多样性，高校的教学计划中课程体系不同，学生学习量和学习进度各不相同，学分的出现，为教学计划的执行提供了便利。学分是学生学习的结果和所获得的能力的衡量尺度。学分作为测量手段或方法的职能得到进一步拓展，它为衡量不同学生的学习进度、区分学生成绩的优劣、促进校内跨专业选修、加速校际课程共享和教育国际化提供了可能。

学分是衡量学生学习量的单位，而学时是计量教师教学或授课时间的单位，也称"课时"，是教学的时间计量单位，1学时指1节课的时间，在高等学校一般为50分钟。在《教育大辞典增订合编本》中，学时"亦称课时、教时。随年级不同，1学时可规定为30~50分钟。每个学年内的授课时数，称学年总学时，均由学校教学计划具体规定"②。可见，学时与1节课的时间并无严格的对应关系。那学分和学时二者之间的关系是怎样的呢？还是回到《教育大辞典》中的解释：讲授、讨论类课程每周授课1学时（50分钟），课外作业约需2小时者，满1学期者为1学分课程；实验、实习类课程每周上课2~3小时，满1学期者为1学分；学位论文、社会调查等，其学分数由课程开设单位参照上述办学决定，无通

---

① 教育大辞典编纂委员会编《教育大辞典》（第3卷·上），上海教育出版社，1991。
② 顾明主编《教育大辞典增订合编本》（下），上海教育出版社，1998。

用计算方法。①

可见，学时与学分之间存在换算关系，但换算的法则并无严格的规定。学分原则上是以课程重要性和学习时间成本来计算的。

而目前课程学分基本按照周课时来计算，如课程周课时为1个，连续上一学期（教学周为17周），则该课程学分为1学分；如课程周课时为2个，连续上一学期（教学周为17周），则该课程学分为2学分。这种学分设置方法并没有对该课程的重要性，尤其是学生学习成本进行评估，学分赋分僵化。建议结合学校课程评估工作，对跨学科专业课程乃至全校本科生课程分批进行评估，评估重点为课程内容、课程挑战度和学生学习投入度，建立可观可测的评估标准，依据评估结果将课程分级分档并公布，一方面引导学生选课，另一方面确保课程资源的基本底线。

与之相配套的，则是结合"放管服"工作，充分尊重专业学分设定自主权和灵活性，探索将专业毕业学分确定权下移至二级学院，由各专业在保障国家课程和学校规定课程的基础上，对照《普通高等学校本科专业类教学质量国家标准》，自行确定本专业毕业学分要求和辅修、双学位课程学分要求。

---

① 教育大辞典编纂委员会编《教育大辞典》（第3卷·上），上海教育出版社，1991。

（二）梳理调整现有辅双课程，启动微专业建设计划

笔者建议由各专业结合《普通高等学校本科专业类教学质量国家标准》和专业课程建设、评估情况，遴选、确定本专业核心课程，以此为基础建设核心课程群，形成微专业系列课程。尝试以微专业修读完毕作为辅修证书和辅修学士学位授予标准。将微专业系列课程对应学分与3.0升级版辅修、双学位学分直接对接。解决3.0升级版实施过程中专业辅修、双学位课程分散、缺乏整体系统性的问题。

（三）启动跨选资源拓展计划

统筹校内校外、国内国外和线上线下资源，从广度和深度上拓展学生跨学科专业学习资源。一方面，对校内辅修、双学位课程进行在线课程建设，加快全校课程资源进入校内课程学习平台的步伐；另一方面，依托北京市高校、科研院所聚集资源优势和双培项目，进行京内跨校专业课程修读。此外，依托海外合作高校的联合培养项目、北京市外培计划以及北京第二外国语学院法国夏斗湖海外办学项目，进行境外跨学科专业学习。同时，充分利用线上课程资源，探索建立网络学习学分认定与学分转换制度。发挥教材在跨专业学习中的作用，做好跨学科专业教材引入和自建工作。

（四）夯实暑期本科生小学期课程质量，纳入复合培养课程体系

北京第二外国语学院目前已开设了暑期小学期，但存在课程或讲座质量不高、与专业课程衔接度不高的问题。笔者建议充分考虑小学期整体教学时间，多开设小学分课程、讲座，帮助学生进行专业实习实践等，同时回应校内跨学科专业修读学生的需求，统筹课程安排，将辅双课程（或微专业课程）与暑期小学期课程结合起来，为学生进行跨学科专业学习提供更多优质资源和选课空间。

（五）强化本科生学业指导

根据新生问卷调查结果，学生进校时对本专业的了解程度不高，且对学校跨学科专业复合培养的政策了解不够。笔者建议重新设计新生入学教育内容，重点对学校人才培养模式、培养方案进行宣讲；建立本科生导师制度，为每一位本科生配备学业导师，指导学生形成跨学科专业学习计划并指导其学业；建立跨专业"学伴"制度，发挥朋辈力量，帮助学生较快适应跨专业修读节奏，提高跨专业修读的持续性和稳定性。

（六）举办本科生专业课程体验周活动，给学生体验了解专业课程的时间

建议学校举办本科生专业课程体验周活动，使学生在

进行跨学科专业学习前有一周的时间可以进入自己感兴趣的专业课堂听课，对目标学科专业有先期了解，减少跨专业学习的冲动行为。

（七）打破数据壁垒，建立全方位的本科生学业状态数据库

目前校内学生学业信息存量很大，但统合性不高，数据之间没有建立起关联，以至于很难快速了解某一方面的综合数据，对人才培养效果进行评估也缺少相应的数据信息支持。建议打破教务处、学生工作部、科研处、研究生院、图书馆等部门的数据壁垒，建立本科生学业经历电子档案，将学生学习经历、学业表现及成就等信息收录在内，建立本科生学业状态数据库，以此进行学生学业考核以及人才培养效果评估。

（八）建立跨学科专业人才培养质量报告制度和持续改进制度

北京第二外国语学院自 2012 年明确提出培养复合型人才、启动修订培养方案至今，已经经过了 10 年的探索实践，也积累了大量的数据信息，但一直没有基于大数据的培养质量评估报告问世。笔者建议，待本科生学业状态数据库建立后，依托每年综合分析跨学科专业人才培养方面的情况，形成年度跨学科专业人才培养质量报告，并时刻掌握相关部门或教学单位对报告提出的问题的整改进度

情况，及时反馈给校级质量管理部门。这样才能形成有数据、有评估、有反馈、有改进、再评估的质量保障闭环，从而持续提升学校复合型人才培养质量。

六　结语

在跨学科专业人才培养模式改革实践中，我们需要充分认识到人才培养方案的升级、顶层设计和配套制度固然重要，但核心必须是抓课程。教师和学生通过课程的讲授和学习来提升能力，也可以建立起"师生共同体"，从而切实保障培养方案的顺利实施，实现新时代新文科建设背景下的人才培养目标。

新文科建设，不仅需要学科专业的交叉融合，还需要建立在学科专业融合基础上的课程内容的更新、与现代教育技术深度融合的课堂教学模式的改革、基于课程评估结果的课程分级分档、基于课程分级分档的课程学分的重新厘定。毕竟，没有课程的支撑，学科专业的交叉融合、新时代人才的培养均无从谈起。

参考文献

[1] 姜智彬：《新文科背景下我国外语人才培养的战略定位》，《中国社会科学报》2019年4月4日，第5版。

[2] 王铭玉、张涛：《高校"新文科"建设：概念与行动》，《中

国社会科学报》2019年3月21日。

[3] 教育大辞典编纂委员会编《教育大辞典》(第3卷·上),上海教育出版社,1991。

[4] 顾明主编《教育大辞典增订合编本》(下),上海教育出版社,1998。

总结创新，提质增效，"外培计划"全方位育人管理模式初探

夏艺菲[*]

"外培计划"是《北京高等学校高水平人才交叉培养计划》之一，是北京高等教育全面深化改革、助力北京建设成为全国政治中心、文化中心、国际交往中心、科技创新中心的重要举措，是由北京市政府资助北京市属高校学生到海（境）外知名高校开展为期1~3年的访学活动，实现北京高校与海（境）外名校优势专业学科资源在人才培养方面的合力，实现高校教育资源与社会资源共享，达到由双方高校共同培养优秀人才的目的。

为贯彻北京市教委关于《北京高等学校高水平人才交叉培养计划》的要求，自2015年以来，北京第二外国语学院（以下简称"北二外"）以深化人才培养机制改革，显著提升人才培养质量，提升学校教育国际合作和整体发展水平为目标，秉承"综合改革、创新机制，交叉融合、资源共享"的原则，积极落实"外培计划"，截至目前，该项目进展顺利，培养成效逐渐显现。作为首批"外培计划"参与学校之一，截至2022年3月，北二外已先

---

[*] 夏艺菲，北京第二外国语学院教务处。

后招收并派出"外培计划"学生 300 余人前往美国、法国、葡萄牙和德国等国家的高水平大学，成为"外培计划"中已派出人数最多同时也是唯一实行"1+3"模式、可以获得"双证"的高校（即一年在国内学习、三年在国外学习，符合毕业要求的学生可以获得国内外两所高校颁发的毕业文凭）。经过 7 年的摸索实践，北二外"外培计划"将项目推进与经验总结并行，逐渐形成较为成熟的管理模式，国际化专业人才培养和全方位育人路径更加清晰。

一 强化理念，创新人才培养机制

"外培计划"是北京市教委为契合经济社会发展重大需求而实施的高等教育全面深化改革举措之一，旨在通过强化北京高校与海（境）外名校合作，实现专业学科的交叉融合和优质教育资源的充分共享，深化北京高校特别是市属高校人才培养机制改革，显著提升人才培养质量，提升北京高等教育国际合作和整体发展水平，更好地发挥其在服务国家和北京经济社会发展中的重要作用。

北二外是一所以外语和旅游为优势特色学科，文学、管理学、经济学、哲学等多学科门类协调发展的高校，具有深厚的文化底蕴和开阔的国际视野。北二外深刻领会国家和北京市高等教育改革精神，在上述宏观思想指导下，聚焦学校特色，发挥专业优势，进一步提升和凝练国际化办学思路，丰富国际合作形式与内涵。为实践这一培养理念，学校紧密围绕立德树人的根本任务，积极落实教育部新文科建设理念，改革和优化培养方案，推动"内嵌式"人才培养模式，进一步凸显学校"多语种复语、跨专业复合"的人才培养特色，新版人才培养方案将社会主义核心价值观融入教育教学全过程，构建复合型人才培养体系，培养品学兼优、能力突出、社会需要的各行业优秀人才，除突破学校内部各学院、专业之间的壁垒外，该方案也鼓励并支持跨院校、跨区域培养学生，为校际学分互认提供空间。

在"外培计划"实施过程中，北二外始终坚持以服务国家战略和首都需求为导向，以培养具有国际视野、家国情怀的高层次、应用型人才为根本任务，致力于构建具有北二外特色的高端复合型人才培养体系；创新顶层设计，重点打造人才培养特色，制定多项保障举措，着力加快项目实施进度。北二外与外方院校通力合作，在本校人才培养方案的框架内，为"外培生"量身打造了具有创新性和针对性的特色培养方案，出台系列与之相配套的教学管理机制。北二外各学院派出专人负责与外方院校对接，并分别制定了联合培养方案，对培养目标、培养要求、课程设置等问题进行统一管理，为联合培养提供制度保障。北二外各学院与外方均保持着密切联系，外方院校每年都会派负责人来访，就培养方案、学分转换等问题与学院方面深入交换意见，对于培养过程中出现的新问题及时处理，以确保外培学生有序、有质地完成学业。北二外也利用本校教师外出访学机会，看望外培生，并对外方合作院校所开设的课程进行考察，以便及时掌握学生学习情况和外方教学情况。

在项目实施过程中，部分"外培计划"学生提出语言关是非常重要的一环。虽然外培生已达到外方学校录取标准，但真正到国外学习时，常常会感到语言应用能力的欠缺，加之在海外高校学习中涉及大量专业知识，给学生的专业学习和日常生活带来一定困难。因此，针对"外培计划"的特殊性，为提高外培生的派出率，增强外培生的海外适应能力，保障留学质量，北二外高度重视外培生语言能力和应用能力的培养、关注外培生在国外的学习生活状况。派出前（新冠肺炎疫情前），除常规通识和专业课程外，北二外为外培生专门开设了英语强化班，旨在帮助其提高英语交流水平，提高语言达标率；充分发挥外国语学校优势，在原本英语课时数较多、难度较高的基础上，精选有语言优势和留学背景的教师，进一步提高全英文专业课程比重，让学生掌握必要的专业基础知识，通过校园里丰富多彩的语言文化活动以及在校生与外国留学生的沟通交流和开放的专业课堂，提高学生的外语应用能力，为学生赴美学习做好准备，减轻压力。派出后，北二外克服距离和时差困难，通过海外课堂开设思政类课程，以帮助外培生带着坚定的"中国心"在海外进行学习实践；派专任教师全程跟踪了解学生留学期间的学习生活情况、指导学生毕业论文写作并以在线答辩等形式检验学生学习成果。此外，对于一些实践性较强的专业，相关学院会与外方学校协商沟通，为学生争取海外实习实践机会，以达到学有所成、学有所用的目标。

二　制度护航，建设规范化、长效化管理机制

"外培计划"作为改革项目，目的是创新培养方式和机制，为学生成长成才提供更为广阔的空间。这就需要在既有的传统教学模式基础上进行创新。原有的人才培养方案可以提供框架，但在具体实施工作中还需要有立足项目本身的规章制度。"外培计划"作为校际交叉培养改革项目，具有合作方多、学生管理方式复杂、新情况多等特点，为完善"外培计划"管理体系，对学生的培养实现制度化、规范化、长效化，使学生能安全访学、安心学习，不掉队、不落单，北二外教务处认真梳理项目实施过程中所遇问题，协同各合作院校、校内各职能部门和学院，拟定系列管理文件，使项目实施有章可循，用制度保障运行效果。

项目管理方面，北二外自上而下高度重视"外培计划"，已就该项目是"有利于学生培养和发展的好项目"达成共识，将其列入全校综合改革待办事项，举全校之力积极筹划和推进项目实施工作。北二外多次召开校长办公会和专项工作会，深入学习北京市教委相关文件精神，商

讨部署具体工作安排。北二外各有关职能部门及学院通力合作，切实抓好项目落实的各个环节，在院校对接、招生宣传、制度设计、培养方案制定和学生管理等一系列工作中，做到规划清晰、分工明确、责任到人。北二外研究制定了《北京第二外国语学院"外培计划"实施方案》、《北京第二外国语学院"外培计划"实施注意事项》、《北京第二外国语学院"外培计划"实施流程》和《北京第二外国语学院外培生管理办法》等，用于规范和指导项目的具体实施与推进工作，并对各环节的主责单位和实施标准做出明确规定。

生源方面，北二外对"外培计划"的质量把控不只是从培养开始，而且从招生环节就格外重视，学校已在招生网站设立"外培计划"专栏、开通咨询热线，同时充分利用各大媒体和自媒体进行宣传，并重点走访京郊各区进行政策解读，明确录取标准，以期使学生和家长对该项目认识更为清晰、准确，寻找个人职业规划与项目匹配的学生，从而提高生源质量和稳定性。

学生管理方面，为使学生明确学习目标、了解访学流程和相关学业管理规定，北二外本着"服务育人"的理念，研究制定了《北京第二外国语学院公派交流学生管理办法（草案）》、《北京第二外国语学院"外培计划"管理办法》、《外培学生撰写个人总结的有关要求》和《"外培计划"学籍异动管理办法》，以学生喜闻乐见的方式印制外培生服务指南，用于具体规范和指导项目的实施与推进工作，对各环节的主责单位及任务做出明确规定。全校各部门协同作战，做好从学生派出到学生管理再到学生回校等各环节的保障工作，以帮助学生更快更好地适应国外环境，为学生在外平安留学、安心留学、成功留学提供保障。

因距离远、有时差和文化差异大等，"外培计划"中的学生管理工作难度更大、更复杂。对此，北二外充分利用学生入校第一年的时间和互联网等渠道，对学生进行思想教育和学业生活跟踪管理，从学院层面打造针对外培生的全员育人制度，建立院领导牵头、系主任参与、辅导员全程跟进、学生朋辈导师与班主任共同关注、高年级外培生"传帮带"的外培生培养体系。在派出期间，各学院按要求建立外培生负责人制度，即从每届外培生中遴选出两名同学作为外培生负责人，承担班委职责，作为学院与学生之间沟通的桥梁，负责外培生管理工作。除此之外，各学院克服时空问题，定期组织外培生召开网络班会，提交学习总结、思想汇报和国外社会文化专题报告，并由专职老师对其进行分析评价，此举既可以使学校了解学生在国外的学习生活状况，及时帮助有困难的学生，也可以培养外培生对母校的归属感并养成勤于思考、勤于总结的好习惯。

北二外在对外培生开展教育管理工作的同时，也十分重视学生的心理健康发展。学校教务处、各学院同合作高校主管部门、具体负责人保持紧密联系，了解学生动态，对专业认同度不高、学业有困难、家庭有变故和感情波动较大的学生，给予格外关注，并联合合作院校、家长和班级负责人，多方了解学生产生心理波动的原因，对症下药，做到多沟通、早发现、勤辅导、妥处理。

为妥善处理留学过程中的突发问题，北二外汲取多方经验，建立预警机制。其中，对出现学业危机的同学第一时间启动学业预警，通过让家长知情、辅导员及时跟进督促、为学业困难生安排学业辅导和补考重修事宜等帮助学生完成学业；对学业已严重不达标的同学，学校将按相关规定协助其办理项目退出事宜；对于其他突发事件，学校要求各学院建立学生、家长、合作院校三位一体、三方联动的有效应急机制，遇特殊情况第一时间沟通处理，该机制已帮助部分外培生妥善解决宿舍内种族歧视、学生心理问题和感染新冠肺炎等突发状况，通过不断累积经验，该机制也在逐步完善中。

三 注重思想教育，培养具有家国情怀、国际视野的国际化复合型人才

当前，中国特色社会主义进入新时代，国内国际形势发生深刻变化，社会思潮、文化现象不断涌现，网络信息技术快速发展，[1] 各类思想和价值观念可能影响当代大学

---

[1] 伍林：《"互联网＋"视域下高校思想政治教育工作路径优化研究》，《高教学刊》2019年第2期。

生的社会主义核心价值观。①北二外"外培计划"学生作为特殊群体，在国外访学时间长达三年，学生插班上课，与外国学生融入较深，因而极易受到当地极端思潮影响，成为国外反华势力利用的对象。经过调研分析，外培生思想教育在以下四个方面存在风险点。一是同时接收东西方两种文化的外培生思想更趋自由与个性化，且因其人生观、价值观、世界观尚未成熟而极易被错误思潮左右。二是外培生自我约束力不够，在与国内保持联系、查阅学习资料及日常娱乐等方面都较依赖互联网，易沉迷于虚拟世界，忽略现实生活中面对面的沟通。近两年来受新冠肺炎疫情影响，线上教学较多，使这种情况更甚。加之初到国外，外培生对新鲜事物充满好奇，且独自在海外求学缺少家长和老师的监督等，都易使他们在学业上分心，甚至在"别有用心"的诱惑中迷失自我。三是学业压力和生活压力导致的心理问题。外培生在外留学三年，学习方式和评价标准不同、语言运用不纯熟和课业压力大、举目无亲的孤独感、远离亲朋的无助感等都会给其造成心理负担，进而使其产生心理问题。四是职业和人生规划模糊，外培生普遍对未来缺乏清晰的目标，对于今后从事的工作，更多地考虑自身喜好，而对社会需求、国家发展考虑不足，"心有大我、至诚报国"的情怀

---

① 杨平：《习近平思想政治教育观对新时代高校思想政治教育理论研究的新贡献》，《江汉大学学报》（社会科学版）2019年第1期。

还需进一步培养。①

　　针对上述问题，北二外紧密围绕立德树人的根本任务，坚持显性教育与隐性教育相统一，积极落实全程全员全方位育人，帮助学生树立道路自信和理论自信。北二外重视外培生的思想教育工作，提高其政治站位，引导学生牢固树立"四个意识"，坚定"四个自信"，做到"两个维护"，着力提升学生服务国家发展和北京"四个中心"建设的意识和能力。一方面，开展理想信念教育，坚定学生政治立场。北二外党委学生工作部和教务处协同配合，以习近平新时代中国特色社会主义思想为统领，抓好第一课堂和第二课堂，通过出国前的思政课课堂、出国后的思政课海外课堂、实践指导、朋辈教育、校友讲座等多种形式，开展多元协同教育，引导外培学生树立正确意识，不断增强思想引领的实效性；通过开展"亮出党员身份，争做合格党员"、"青年理想引领圆桌论坛"、"双语微党课"、"我为两会做翻译"、"习近平用典"双语研读等活动，强化外培学生的理想信念教育，提高思政教育的时代性；通过开展"新生入党启蒙教育"、"新生德育导航工程"和"红色京华行"等特色班级活动和主题班会引导外培学生传承北二外红色基因，为学生成长成才打下思想基础。

---

① 丁晓晓、杜姗姗、庞文云：《新时代"外培计划"学生思想政治教育路径探索》，《继续医学教育》2020 年第 11 期。

另一方面，开展传统文化教育，鼓励学生在外传播中国文化。北二外坚持以理服人、以文化人、以情感人，引导外培生把自身的前途同国家和民族的命运紧密联系起来，将其培养成为有强烈社会责任感、重道义、勇担当的新时代青年，着重培养外培生树立制度自信和文化自信，激发学生对中华优秀传统文化和革命文化、社会主义先进文化的自豪感。

为此，北二外举办了一系列活动帮助同学们发挥自身优势，讲好"中国故事"，既有为外培生举办的文化交流活动、"传统文化我来讲——洋话中华文化"活动等专场活动，也有校级翔宇青年引航工程之"我为两会做翻译"大赛，在师生中受到一致好评。这些活动不仅使外培生更加深入地了解中国传统文化及时政热点问题，以赛会友，交流思想，感受榜样力量，提高语言应用能力，而且还有助于提高外培生向世界讲好"中国故事"的本领。通过系列思想引领活动，越来越多的北二外学子们带着爱国爱家的坚定信念，赴外后积极传播中国文化，讲好中国故事，传播中国声音。

四 扩大合作规模，提升办学水平和育人质量

为提高学校国际项目合作层次，丰富交流内涵，依托"外培计划"，北二外与各合作高校从学生培养层次与方式、教师学术交流与合作、校际学科建设等方面展开深入

探讨，以寻求更加广泛的合作。

依托该项目，除学生层面的交流访学外，北二外与各合作院校开展了一系列学者互访活动，邀请合作方负责人、知名学者来校举办讲座，使更多本校师生受益。此外，北二外也积极探索与外方合作院校在人才培养模式、国际项目合作、国际学术交流、学者与学生互换互访等方面展开进一步合作，并在本科层次合作的基础上，开展硕士、博士联合培养，从而建立全方位、宽领域、多层次、高水平的人才培养发展新机制，为国家和首都持续输送高端智力人才。

五 结语

北二外以服务国家和首都经济社会发展为己任，以北京高等教育全面深化改革为契机，以立德树人为根本任务，扎实推进"外培计划"，过程虽有曲折，但学校凝心聚力，迎难而上，于解决问题中谋出路，于创新机制中谋发展，以点带面，积极拓展国际化培养方式，探索联合培养管理新模式，丰富校际合作内涵，进一步提升办学水平和育人质量，为人才成长提供更广阔的发展空间，为社会输送更多高端专业型人才，助力中华文化海外传播。

参考文献

[1] 刘霄:《启动"高水平人才交叉培养计划"实现高教人才培养机制创新》,《北京教育》(高教版)2015年第5期。

[2] 刘霄:《北京高等教育实施"双培计划"与"外培计划"的工作重点》,《北京教育》(高教版)2015年第6期。

[3] 伍林:《"互联网+"视域下高校思想政治教育工作路径优化研究》,《高教学刊》2019年第2期。

[4] 杨平:《习近平思想政治教育观对新时代高校思想政治教育理论研究的新贡献》,《江汉大学学报》(社会科学版)2019年第1期。

[5] 丁晓晓、杜姗姗、庞文云:《新时代"外培计划"学生思想政治教育路径探索》,《继续医学教育》2020年第11期。

[6] 何宁、王守仁:《新文科、新外语、新导向——论外语专业人才培养的发展与创新》,《外语教育研究前沿》2021年第4期。

[7] 裴怀涛:《优化"外培计划"实施方式,提升高校人才培养质量》,《北京教育》(高教版)2019年第3期。

[8] 王巍、侯娜、李子臣:《探索"外培计划"引领路径 创新多元化人才培养模式》,《北京教育》(高教版)2017年第6期。

"五育并举"视域下高校育人体系的构建与实践

——以北京第二外国语学院为例

王 婕[*]

紧密围绕立德树人根本任务,构建德智体美劳全面培养的教育体系,加快推进教育现代化,建设新时代高等教育强国是新时期党和国家对高等教育深化改革发展提出的新要求。2018年,在全国教育大会上,习近平总书记明确提出新时代教育目标——"培养德智体美劳全面发展的社会主义建设者和接班人",明确指出新时代教育重点工作——"努力构建德智体美劳全面培养的教育体系,形成更高水平的人才培养体系"。[①] 党和国家将德育、智育、体育、美育、劳动教育确定为落实立德树人根本任务的关键抓手,由此,我国高等教育进入"五育并举"全面培养新阶段。

---

[*] 王婕,北京第二外国语学院教务处。
[①] 《坚持中国特色社会主义教育发展道路 培养德智体美劳全面发展的社会主义建设者和接班人》,《人民日报》2018年9月11日,第1版。

一 "五育并举"的内涵关系

"五育并举"理论有着深厚的理论发展根基。从严复提出"鼓民力""开民智""新民德"三育并举,到王国维提出"智德体美"四育统合,再到蔡元培提出"军国民教育""实利主义教育""公民道德教育""世界观教育""美感"五育并举,"五育并举"初具雏形。新中国成立后,"五育并举"思想更是得到进一步完善。由最初"德智体"三育并重,到党的十六大报告将"美育"纳入素质教育中,再到2018年习近平总书记强调劳动教育的重要性,将劳动教育纳入育人工作新要求中。自此,新时代党的教育方针形成"五育并举"新格局,我国教育发展进入德智体美劳全面培养新阶段。

"五育并举"指明了新时代中国特色社会主义高等教育深化改革发展的基本方向,是高校实现新时代党的教育目标的必然选择,也是高校实现高质量发展的必然路径,富有丰富深刻的时代内涵。只有深入理解和把握好"五育并举"的关系内涵,高校才能构建好德智体美劳全面培养的教育体系。

1. "五育"各具特色,不可替代。德智体美劳五个要素具备不同的功能地位。德育,指向思想政治、道德教育,是"五育"的灵魂所在,具有首要和根本的作用;智育,指向科学文化知识、技能教育,是"五育"的重要内容，起着关键作用；体育，指向身体素质锻炼，是"五育"的物质基础；美育，指向审美艺术教育，是具有感染力的育人形式，是"五育"的动力源泉；劳动教育，指向劳动品格、劳动技能教育，是开展社会性活动的实践基础。总结而言，德育为先，智育为重，体育为基，美育为要，劳育为本，五个要素间侧重点不同，功能作用不同，相互之间不可替代。

2. "五育"具有整体性，相互渗透。德智体美劳五个要素虽各具特色，但又是相辅相成、不可分割的有机整体。一方面，"五育"共同指向立德树人根本任务，是落实立德树人根本任务的关键抓手；德智体美劳各要素共同构成一个"完整的人"发展的各个方面，形成合力，促进人的全面发展。另一方面，五个要素间又相互作用、相互促进。如，劳动教育是德智体美的实现路径。劳动实践的开展需要德智体美的协同参与；劳动实践的过程既能展现一个人德智体美的综合素质，又可以促进德智体美的发展，以劳树德，以劳增智，以劳强体，以劳育美，共同促进"五育"水平的提升。

3. "五育并举"回答了"为谁培养人、培养什么人、怎么培养人"的时代之问。"五育并举"是党和国家提出的新时代教育发展新要求，规定了能担当民族复兴大任的时代新人应具备的素质品格，指明了新时代教育发展新路径，更是从根本上回答了"为谁培养人、培养什么人、怎么培养人"的问题。"为谁培养人"——为党和国家、为社会主义培养建设者和接班人；"培养什么人"——培养德智体美劳全面发展的人；"怎样培养人"——构建德智体美劳全面培养的教育体系。①

"德智体美劳五育虽各有其规律特点和任务要求，但在实践中五育必然是相辅相成、相互渗透、有机融合的大系统"。② 因此，高校要全面落实立德树人根本任务，就应准确把握"五育"的内涵关系，积极构建、完善德智体美劳全面培养的育人体系，引导学生实现德智体美劳全面发展，进而推动高等教育体系实现高质量发展。

二 高校"五育并举"育人现状及构建路径

1. 高校"五育并举"育人现状

"五育并举"理念自提出以来，高校积极响应号召，不断深化教育教学改革，结合本校实际，将"五育"融入学校人才培养体系中。例如：在德育方面，不断完善德育体系，加大思想政治课程建设力度，重视思想政治教育教师队伍发展；在美育、劳动教育方面，增设美育、劳动教育课程，将美育、劳动教育纳入学分管理和毕业要求中等。

---

① 王茂胜、张凡：《"五育并举"视域下高校思想政治工作的评价要求》，《思想教育研究》2021年第11期。
② 铁铮：《持续完善德智体美劳全面培养的育人体系》，《中国高等教育》2021年第2期。

高校虽然在引进"五育"资源，开展"五育"培养上取得初步成效，但因"五育并举"育人实践时间较短，"五育并举"的体制构建和方案实施尚不成熟，在实际落实中容易陷入一些困境。例如：对"五育"内涵把握不够，导致"五育"各要素间地位失衡，存在弱化体育、美育、劳动教育的现象，体育、美育、劳动教育课程设置简单化，未赋予其以合理的课程比重；德智体美劳课程体系建设不够系统，存在割裂"五育"关系，孤立地补齐德、智、体、美、劳课程短板的现象；"五育"评价体系不够健全，评价体系缺乏全面性，评价内容、评价维度依旧侧重智育维度等。

2. 高校"五育并举"育人体系构建路径

高校德智体美劳全面培养教育体系的科学构建应从"顶层设计—课程建设—评价考核"三个环节进行深入考量。

（1）在顶层设计上，厘清"五育"内涵，科学制定培养方案。要构建科学合理的育人体系，首先要深入领会、正确把握"五育"的内涵关系，明确"五育"定位，按照"五育并举"的要求，从顶层设计上明确德智体美劳的教学安排，从培养方案层面合理分配德智体美劳的比重，从制度层面扭转"五育"失衡局面，实现"五育"齐头并进式发展。

（2）在课程建设上，打造德智体美劳全面培养的课程体系，建立"五育"协同的育人共同体。进行"五育"

课程体系的供给侧调整，德智体美劳课程既要对照国家要求，从课程数量上进行增补删减，又要从课程质量上进行教学改革，提高课程含金量，打造"五育"金课，实现"五育"课程的内涵式发展。此外，还应从"五育"整体出发，探索"五育"跨学科融合教学模式，形成"五育"合力，提高培养效度，提升全面育人质量。

（3）在评价考核上，将"五育"全要素纳入考评体系中。以往学生学业评价单一集中在智育维度，因此要增设德育、体育、美育、劳动教育评价指标，增加德育、体育、美育、劳动教育评价权重，探索建立健全常态化"五育并举"评价机制，用评价机制促进"五育并举"育人体系建设。

由此，高校按照"顶层设计—课程建设—评价考核"三个环节，构建"五育并举"育人体系，确保"五育并举"育人实效。

三　高校"五育并举"育人体系的实践
——以北京第二外国语学院为例

北京第二外国语学院作为在周恩来总理亲切关怀和指导下成立的、拥有深厚红色基因的首都高校，一直坚持社会主义办学方向，坚持以习近平新时代中国特色社会主义思想为指导，全面落实立德树人根本任务，深化新时代本科教育教学改革、教育评价改革，积极构建德智体美劳全面培养的教育体系,健全德智体美劳全面培养机制,推动实现"五育并举",提升人才培养的专业精度、深度和层次,培养德智体美劳全面发展的"全人"。

1. 持续优化培养方案设计

《北京第二外国语学院2020版本科生培养方案》依托前期多版本科生培养方案的运行实践,结合学校教育教学实际,坚持守正创新,坚持"德育为先,智育为重,体育为基,美育为要,劳育为本",增加体育、美育、劳动教育权重。持续优化德智体美劳全面培养的教育体系、落实"五育并举",落实立德树人根本任务,协同育人、全面培养。

2. 打造"理论+实践"的"五育并举"课程体系

下面以此版培养方案为例,对学校"五育并举"育人体系的实践进行系统介绍。

(1)德育:打造红色课程思政"北二外模式"

学校以思想政治为引领,有效建设必修课与选修课相结合、思政课与专业课同向同行的具有二外特色的课程思政体系。

在理论教学上,深化思政课"课堂—网络—实践"一体化建设。思想政治必修课程创新采用"1+N+X"教学模式("1"即专业教师主导,"N"为全校党政干部全面参与,"X"表示校外专家专题指导)推进红色育人;思想政治教育全面融入各本科专业课堂教学中,实现课程思政全覆盖,打造具有二外特色的思政示范课程，体现专业知识与红色育人元素的深度融合；开设政治素养、"四史"教育等选择性必修课程作为补充，进一步提高学生的思想政治素养；外语类学院以一流本科专业为依托，将习近平新时代中国特色社会主义思想科学地融入外语教学全过程，打造"三进"示范课程，扎实推进《习近平谈治国理政》多语种版本"进高校、进教材、进课堂"。

在实践教学上，积极开展爱国主义教育"红培工程"，着力打造"五个红"（红色课程体系、红色品牌赛事、红培思政工作室、红色实践教育基地、红色精神文化体系），围绕课堂阵地、科研创新、校园文化、志愿服务、社会服务形成"五位一体"红色育人体系，全员、全过程、全方位浸染学生的红色底色。

（2）智育：建设高质量本科课程体系

一方面，紧随国家发展需求、社会发展需要、专业内涵建设要求，持续优化第一课堂、第二课堂课程学分设置，通识课与专业课并重，进行科学合理的智育培养。如对通识选修课程进行分类细化、组合改造，设置了政治素养、科学素养、法治素养、美育素养等6个课程模块，为全面提升学生综合素养提供科学指导；顺应新文科发展趋势，深化教学改革，加强课程建设，对照国家质量标准，打造"金课"和优质本科课程，推进一流本科课程建设，提高专业教学质量。另一方面，强化实践育人，推动实践创新教育改革。持续完善学校本科实践课程体系建设，提升实践的科学性、专业性、时效性、针对性；促进科教融合，推进产教融合，支持创新创业，有效提升人才培养与经济社会发展的匹配度，提高实践育人实效，切实培养社会需要的、学以致用的全面发展的人才。

（3）体育：打造"健康二外"体育课程体系

强化体育锻炼，制定实施《北京第二外国语学院关于加强和改进新时代体育工作的实施方案（试行）》，构建"抓住课堂、丰富课外、朋辈促进、文化传承"的课内外一体化的体育课程模式，建立覆盖大学4年的、必修课与选修课相结合的"4+N"体育学分运行机制（"4"指体育必修课程学分，"N"指体育选修课程学分、校代表队训练学分），建设二外特色"八式太极拳"校本课程，全面提升体育教育质量，帮助学生在体育锻炼中享受乐趣、增强体质、健全人格、锤炼意志。

（4）美育：建设具有二外特色的美育课程体系

增强美育熏陶，制定实施《北京第二外国语学院关于全面加强和改进美育工作的实施方案》，构建"理论教学—实践教学—实践创造—传播交流"一体化的美育教育体系，着重打造七类美育课程（设计工艺类、美术书法类、音乐作曲类、戏剧戏曲类、影视主持类、舞蹈表演类、文艺美学类），丰富美育类通识选修课程资源，形成"实践课—社团—艺术团"的一条龙培养模式，形成全面的美育培养、实施、评价体系，进一步提升学生艺术素养，满足学生对艺术教育的期待。

（5）劳动教育：建设具有二外特色的劳动教育课程体系

加强劳动教育，制定实施《北京第二外国语学院劳动教育实施方案》及劳动清单制度，建设"劳动理论教学、日常生活劳动实践、服务性劳动实践、生产劳动实践"相结合的课程体系，把劳动教育融入人才培养全过程。优化劳动教育课程设计，以16学时的劳动拓展课程为基础，开展劳动理论知识教学、劳模进课堂讲座，组织大学生劳动月活动以及校园卫生维护、校园内公益服务等培养学生劳动素质的参与类、实践类活动，让学生在实践中养成劳动习惯，学会勤俭。加大在专业实习中的16学时劳动教育的实效性，使学生真正在实习实践中得到劳动锻炼。

3. 建立"五育并举"考核评价体系

学校将德育、智育、体育、美育、劳动教育纳入学生综合测评体系中，实现对学生整体素质的综合性、多元化评价。同时，为进一步深化新时代教育评价改革，"五育"各要素分别细化了各自的考核评价体系。例如：在智育方面，坚持能力与知识考核并重、过程性考核与结果性考核有机结合，以课程考核改革为抓手，加大阶段性测试、实践能力、研究创新能力在学业成绩总评中的比重；在美育方面，建立了专门的美育教育评价体系，从第一课堂、第二课堂、人文交流三个维度进行全员全程全方位的分类美育评价，并配套形成三个维度的实施路径与评价指标体系；在德育、体育、劳动教育方面，针对理论教学、实践教学和专业实习，也制定了不同的考核评价标准等。

除了持续优化培养方案设计、打造"理论+实践"的"五育并举"课程体系、建立"五育并举"考核评价体系外，学校还通过成立专门的工作领导小组、加强各部门沟通协作、加强师资队伍建设、增加经费保障投入等方式强化"五育并举"支持保障建设。

参考文献

［1］《坚持中国特色社会主义教育发展道路 培养德智体美劳全面发展的社会主义建设者和接班人》，《人民日报》2018年9月11日，第1版。

［2］张俊宗：《努力构建德智体美劳全面培养的教育体系》，《中国高等教育》2019年第15期。

［3］李英敏、田苗、谷岳奕：《"五育并举"与新时代"三全育人"体系的构建》，《科教导刊》2020年第16期。

［4］冯建军：《构建德智体美劳全面培养的教育体系：理据与策略》，《西北师大学报》（社会科学版）2020年第3期。

［5］颜怡、冯益平：《高校"五育并举"育人体系构建研究》，《学校党建与思想教育》2021年第20期。

［6］裴哲：《"五育并举"的理论意蕴与实践路径》，《江西科技师范大学学报》2022年第1期。

［7］王茂胜、张凡：《"五育并举"视域下高校思想政治工作的评价要求》，《思想教育研究》2021年第11期。

［8］铁铮：《持续完善德智体美劳全面培养的育人体系》，《中国高等教育》2021年第2期。

新文科背景下思政课程创新初探[*]

——以《中国近现代史纲要》为例

刘赫宇[**]

2020年11月3日，教育部正式发布《新文科建设宣言》，强调文科在民族伟大复兴中的重大意义，突出了文科创新的价值，提倡各种跨学科研究，并鼓励文理融合，全国新文科教育研究中心同时成立。之后，教育部要求各高等院校在实施一流本科专业建设的过程中，"持续深化教育教学改革，教育理念先进，教学内容更新及时，方法手段不断创新，以新理念、新形态、新方法引领带动新工科、新医科、新农科、新文科建设"[①]。目前看来，新文科的建设，绝不仅仅是"传统文科＋新技术"那么简单，[②] 当下对于新文科定义的内涵与外延的研究，不断有新的成果问世。有论者将其理念归结为五条；有论者认为

---

[*] 本文系北京第二外国语学院新时代师德师风建设专题项目"新形势下青年思政教师实践能力评价机制研究"阶段性成果。

[**] 刘赫宇，北京第二外国语学院马克思主义学院讲师。

[①] 《教育部办公厅关于实施一流本科专业建设"双万计划"的通知》，中华人民共和国教育部官网，2019年4月9日，http://www.moe.gov.cn/srcsite/A08/s7056/201904/t20190409_377216.html。

[②] 《新文科研究，不止"文科＋新技术"那么简单》，光明网，2021年3月17日，https://m.gmw.cn/baijia/2021-03/17/1302170296.html。

要从"科际融合"、"价值引领"和"全球视野"三方面深刻把握新文科建设的知识演变与价值趋向;还有观点认为,培养能够综合运用信息技术的文科技术型人才,是新文科建设的重点之一,应根据"学科融合—信息素养—实践为重"的育人逻辑,从培养理念、培养目标、培养方法与培养资源四个方面实现文科技术型人才培养的突破。

由此看来,新文科建设不仅为解决思政课教学中存在的弊端提供了有益启发,还为包括思政教育和历史学在内的传统文科专业发展提供了新思路。鉴于此,本文以"中国近现代史纲要"课(以下简称"纲要课")教学为例,探讨新文科背景下高校思政课堂的发展。受篇幅所限,在此谨做初步探究,以期引发更多思考。

一 高校纲要课教学面临的普遍困境及应对措施

纲要课是一门面向本科生的思想政治理论课的主干课程,其背后反映了个人政治社会化的内在需要。中国近现代史,大体以1840年至1949年为时间范围。而在最新的纲要课教材中,其讲授内容的时间实则延伸至当前。在今天新文科建设的大背景下,纲要课同时要为本科生思政公共课以及本科专业建设提供服务和支持。不过,各教学单位在纲要课的设置和授课过程中,都不同程度地面临教学开展及学科发展的困境,放眼今天的高校思政课教学实践，普遍存在如下矛盾和困境：高校思政课教学坚持以马克思主义为根本指导思想与社会多元思潮冲击之间存在矛盾；在党和国家层面，对青年学生思想政治教育工作的高度重视同学生在思政课上新的问题行为之间存在矛盾；高校思政课教师不断进行多样化教学模式的改革探索与教学质量评价单一化之间存在矛盾。①

纲要课内容来源于历史，却不是单纯的历史课，更不同于传统的人文素养课和通识教育，而是具有鲜明的阶级性、思想性、意识形态性以及科学性的课程。这使其与学生之间产生距离感，使很多学生对纲要课学习的积极性不高。而如何缩短这种距离，使同学们产生对纲要课程的认同感，获得对纲要课课堂的归属感，无疑对教师们提出了更高要求。作为施教者，一方面，要深入课程，熟悉课程框架及各项细节，打磨授课方法技巧；另一方面，要跳出课程本身，不能仅仅满足于讲授课本上的有限知识，还要去思考如何对学生本专业课的学习提供更多帮助，在授课过程中切不可"闭门造车"，不可上课即来、下课即去。

教师应当致力于提高自身政治素养，还要学会换位思考，了解学生乐于学习什么样的课程，乐于接受什么样的授课方式，并在备课、授课的过程中提升自身信心，只有相信自己、对自己所教授的内容深信不疑，才是成功授课

---

① 李巧针：《新形势下高校思政课教学面临的新困境与改革思路》，《北京教育》（高教版）2020年第3期。

的前提。此外，在课程设计上多下功夫，提高课程内容的"含金量"，并为学生营造一种"仪式感"，提升课程在学生心目中的"期待值"。

在传统教学制度下，历史学科长期存在被"轻视"的现象。同其他思政课程一样，学生对于纲要课的重要性认识不足，课堂参与积极性有待提高。相比语、数、外等主课，历史课作为副课，学生对其的重视程度不高，一些同学对纲要课产生了先入为主的消极印象。不过，随着2014年以来新的"3+1+2"高考模式逐渐在全国推行，考生需要从物理和历史中选择一门作为必考科目，这有利于提高历史相关学科的受重视程度，也在一定程度上改变学生对纲要课的消极认知。

不容忽视的是，授课场所的环境同样会对教学活动效果产生一定程度的影响。作为公共课的纲要课，教学活动往往是以大班大课的形式开展，班级学生容量较专业课要大很多，并且学生往往是由来自不同专业甚至不同学院的学生构成，彼此之间本就缺乏交流与沟通，从而难以在授课过程中共同配合好、完成好教与学的计划。高校中很多公共课都会在大型教室（如阶梯教室）中进行，这样的授课环境，对教学工作提出了更高的要求，不利于教师对学生进行精准的管理和帮助。在这种情况下，如何更好地发挥教师在课堂上的影响力，将学生的关注点吸引到课堂本身上来，这些问题都是我们需要认真思考并着力解决的。

二 新文科建设带来的机遇与挑战

时至今日，经济全球化早已成为难以阻挡的潮流趋势，世界政治、经济和文化格局都发生了较大变化。这一过程，同样深刻影响了教育领域。在这种背景下，新文科研究与改革实践项目，既体现了习近平新时代中国特色社会主义思想，同时也是贯彻落实全国教育大会精神，落实新文科建设工作会议要求，全面推进新文科建设，构建世界水平、中国特色的文科人才培养体系的重要举措，突破了传统学科在新时代人才培养方面的局限性，实现了专业的改造和提升。2020年，教育部社科司明确表示，要重点支持建设一批文科实验室，促进研究方法创新和学科交叉融合，引领学术发展。2021年11月，教育部公布首批1011个新文科研究与改革实践项目，集中在发展理念、改革与发展、政策与支撑体系、专业结构优化、专业改造提升等领域，涉及22个选题方向，为我们探索新文科发展之路提供了依据。

（一）教学方式与思路的更新

现今社会中，知识更新不断加快，学科间不断呈现渗透融合趋势，新学科层出不穷。纲要课作为一门思想政治理论课，是受马克思主义唯物史观直接影响的课程。众所周知，马克思主义理论被赋予了诸多新的内涵，需要得到不断的丰富、发展和创新。纲要课是中国近现代史与思想政治两个学科领域的结合，本身就具有跨学科的特性，因而在新文科大背景下，具有明显的优势。2019年3月，在学校思想政治理论课教师座谈会上，习近平总书记专门强调，"办好思想政治理论课，最根本的是要全面贯彻党的教育方针，解决好培养什么人、怎样培养人、为谁培养人这个根本问题"①。而对于思政教师，习近平总书记也在座谈会上提出"政治要强""情怀要深""思维要新""视野要广""自律要严""人格要正"的期望，从六个方面做出更高的标准要求，也为我们的教学思路和理念注入更多新的内涵。

对于新时代的思政课堂来说，新文科建设就像一股新风，促使思政教师就诸如如何处理传统思政课程与其他学科的关系、如何将其他学科的成果应用于思政课程内以及如何将新技术、新理念融入教学实践中等问题进行思考。简单来说，新时代新文科赋予纲要课乃至整个思政课的，主要集中为两大主题，即新理念、新任务和新方法。新文科不仅要立足于当前，更需要放眼未来，集中力量发展人文社会科学，积极发挥人文社会科学的前瞻性和引导性功能。如何实现学科发展、学术交流、人才培养等方面的创新，习近平新时代中国特色社会主义思想赋予了人文社会

---

① 《习近平主持召开学校思想政治理论课教师座谈会》，中国政府网，2019年3月18日，http://www.gov.cn/xinwen/2019-03/18/content_5374831.html。

科学新的任务，这就鞭策教育者要不断提高自身科学文化素质。

在经济全球化与现代信息网络技术不断发展等现实背景下，学生思想行为趋于个性化，学习动机趋于多样化，价值取向趋于务实化，思维方式趋于开放化。[①] 因此对于思政教师而言，提升教育理念和教学技能，培养创新意识与创新精神，成为首要任务。这就要求思政教师认真分析新时期思政教育的新特点，牢固树立以人为本的教育理念，与社会实际相结合，紧扣时代主题，对准大学生普遍关注的社会热点、焦点、疑点问题，强化时效性，着力完善自身的教学技能；思考如何获得思政教育最大效益，发挥受教育者的主体性，把握思政教育的针对性，与社会现实有机结合，将知识、情感和认知目标统一于教学中，并使学生能够在学习思想政治理论课的过程中有实实在在的收获。只有这样的思政课，才能培养出全面发展的中国特色社会主义事业的合格建设者与可靠接班人。

具体到教学方式上，实践教学是思政课的一个重要环节，一般要求学生利用课下时间完成，给予学生一定的自由空间，充分发挥学生的能动性，鼓励其结合自己所学专业，寻找与纲要课之间的联系点，让学生真切感受到思政课与其生活和学习的距离并非遥不可及。纲要课甚至鼓励不同专业、不同学院的同学采取组队合作的方式，共同解

---

① 李雪萍：《高校思想政治教育的理论与实践》，中央编译出版社，2016。

决课程中的学术问题。而不论是所谓的"理论教学—实践教学"模式，还是今天社会上热议的"课堂精讲—网络延伸—实践体悟"教学模式，其背后都表明：教师应当重新认识学生、重新审视学习过程的理念正在得到认同。在这一工作中，需要教师重视学生心理活动及认知水平，重新认识并重视教育学、心理学等学科的理论知识。如兴起于20世纪中期、被称为心理学的"第三势力"的人本主义学习理论，强调学生情感、需要等因素对于学习效果的影响，认为心理学应该探讨的是完整的人，而不是把人的各个从属的方面（如行为表现、认知过程、情绪障碍）割裂开来加以分析。其目标"是要对作为一个活生生的人所涉及的方方面面进行全面的描述"[①]。这种"以学生为中心"的观点和思路，与新文科建设的主要内涵以及当下人才选拔、培养制度的发展趋势不谋而合，应该得到重视。

（二）新技术、新平台的应用

新文科建设，还推动纲要课授课者使用先进的科学技术从事人文社会科学的相关研究，通过新技术推动我国人文社会科学的健康稳定发展。大型开放式在线课程即慕课（MOOC），具有教学资源信息化、数字化以及课程受众广泛化和学习过程自主化等特点。它是基于互联网技术和网

[①] 施良方：《学习论》，人民教育出版社，1994。

络终端普及化而产生的新教学模式,从教育技术的视角考察,慕课的强大之处不仅仅表现在在线课程共享方面,还通过教学技术的创新实现教与学关系的重构,教师与学生的角色扮演通过"微课程"、"小测验"以及"实时解答"等小功能的设置发生了变化。慕课并非简单的课堂实录,而是根据课程内容需要有局部细节放大、有数据或背景嵌入、有相关课件的引用。[1]

此外,微课和翻转课堂也成为受益于技术更新的一种新事物。翻转课堂(Flipped Classroom 或 Inverted Classroom)是对传统课堂内外结构的"翻转",即课内变课外,课外变为课内。其特点是充分重视人机交互功能,即利用越来越先进的人机对话功能,让课堂"翻转"起来。北京大学汪琼教授曾专门开设培训课程,通过试用推荐的免费软件等,用信息技术提升建课效率,帮助教师学习创建与发布翻转学习内容的具体策略,掌握翻转课堂时的注意事项,包括如何有效利用课内时间、如何激励学生课前自主学习等。[2]

微课(Micro-Course Online Video)最早来自基础教育,其核心组成内容是课堂教学视频(课例片段),同时还包含与该教学主题相关的辅助性教学资源。每一个微课

---

[1] 李梁:《"慕课"视域下深化思想政治理论课教学改革的若干思考》,《思想理论教育导刊》2014年第12期。
[2] 《翻转课堂教学法》,中国大学MOOC官网,https://www.icourse163.org/course/pku-21016。

只针对一个固定知识点，直接指向专业课中的重点、难点或疑点内容。其特征有：流媒体播放性，视频、动画等基于网络流媒体进行播放；资源容量较小，适于基于移动设备的移动学习；教学时间较短，一般为5~10分钟；经典示范案例，拥有真实的、具体的、典型案例化的教与学情景；成果容易得到转化，由于其内容具体，主题突出，因此相关研究成果容易转化。而微课的使用需要两个条件：首先，学生要有智能终端（iPad、智能手机、笔记本电脑）；其次，要有网络支持。对于目前在校大学生来说，达到以上两个条件，难度不大。这样，各种微课不但可以用作发布专业课程，还可以用来开展师生之间、学生之间的课外交流。

当下国内主流媒体也十分重视慕课技术的运用，如致力于"打造专业的全媒体人才学习平台"的"人民慕课"，内容涉及党史党建、舆情学习、融媒体、全媒体智库等，只要通过手机客户端即可获得，具有便捷性、时效性等优势。而以中国近现代史为主要内容的纲要课，与党史、新中国史等主干课程紧密相关，因此在纲要课授课过程中，教师不仅要学习在党史学习教育中总结的经验，还要结合当下热门的党史微课等资源，创建纲要课独特的慕课资源。诚然，北京大学、武汉大学、浙江大学等高校早已组织力量，录制并上传了完整的优质课程视频，北京第二外国语学院马克思主义学院也正在进行慕课资源制作的尝试，不过截至目前，人们对慕课方式的利用，依旧局限于传统的视频授课上，其第二课堂的优势并未得到充分发挥。

在方法论上，除传统的人文社科方法外，应转向运用现代科技、信息技术和人工智能技术，将文科的定性方法与定量方法相统一，彰显新文科的科学性。例如在讲授中共党史相关内容时，利用数字化技术，将文字、影像资料分门别类，构建爱国主义教育、红色文化数据库，在学校官网上传，供全校师生乃至全社会取用；若课程中涉及红色景点，可先于景点拍摄视频，利用当下盛行且成熟的VR技术并通过后期配音来实现虚拟仿真实践教学。总的来说，新技术为思政课程教学提供了新的思路和方式，而红色资源及文化，则为新兴技术提供了更多内容。其核心依旧集中在靠什么吸引学生、如何保证学生在课外保持主动学习等问题上。

三 新时期纲要课堂创新的着力点

"办好思想政治理论课关键在教师，关键在发挥教师的积极性、主动性、创造性。"[①] 当下任何一所高校都不应忽视高质量思政教师团队的构建，而思政教师也应当注意，要保证教学环境质量，思考如何在课堂教学与课堂管

[①] 《习近平主持召开学校思想政治理论课教师座谈会》，中国政府网，2019年3月18日，http://www.gov.cn/xinwen/2019-03/18/content_5374831.html。

理之间做到平衡，不能在遇到困境时选择得过且过，因为本科教学质量的提高，归根结底还需通过上好每一节课、解决好每一个问题来实现。我们也不能为了保留所谓课程的趣味性、知识性而忽略甚至牺牲其背后蕴含的政治性。在《北京第二外国语学院本科人才培养（本科教育）五年行动方案（2021—2025）》中，明确提出依托学校丰富的红色文化资源，以相近学科交叉融合和协同创新为新生长点，形成马克思主义理论学科建设的新亮点，凝练出符合学校办学定位和外国语大学特色的学术品牌；侧重对外做好理论阐释和国际传播工作，形成马克思主义理论学科特色。结合当下党史学习教育等活动在全国范围内的开展，我们更要看到纲要课所担负的使命。纲要课理应站在新文科建设的潮头，始终要立足国家、高等教育及学校的发展大局，也要牢牢嵌入思想政治理论课的框架之中，建立在尊重教材及原有课程理论知识框架的基础上，适应新教材使用情况及新时代学生学习的新方式。

此外，在慕课、微课成为社会热点，并为教学提供新可能的同时，我们必须对一些问题保持冷静的思考。就目前思政慕课开展的具体情况来看，虽然学生对这种教学方式兴趣颇高，但实际成效却较为有限。教师在掌握学生后台学习情况以及参与度、真实度等方面有很大限制，即使学生在慕课网络平台中完成了相关慕课学习和思政课学习任务，但是也很难让教师监控到学生是否存在诚信问题，以及学生学习的真实状态，师生之间的互动逐渐弱化，最终导致思政课堂教学的管理难度越来越大。缺乏监管和互动的网络视频教学，还可能导致学生学习效果不佳、完成率低的结果。尽管微课设立之初即为了支持碎片化学习和翻转课堂，很难完整地呈现整门课程，但仍可以通过新机构介入或进一步加大原有平台建设，加大对微课网络资源整合的力度，实现化零为整。① 所以在慕课被应用到思政课教学的实践与发展中，学校应该认真思考这种教学模式对学生学习以及传统教学方法的不利影响，既要重视并坚持线上线下相结合的教学方式，又要结合我国教育发展的实际情况，对慕课教学方式进行合理的应用；引导学生正确应对网络信息的是非真假问题。同时，教师需要培养网络化的教学思维，积极在慕课的教学工作中融入最新时事政治、学生关心的热点话题，使学生能够在鲜活的教学内容学习中，感受思政课学习的魅力。

最后，包括笔者在内的广大教师应坚持正确政治方向和价值导向，聚焦人才培养，推进教育教学改革，提高专业质量、课程质量、教材质量、技术水平，加强理论研究和规划总结，扎实推进项目实施，实现文科教育真改、实改、新改、深改，推动新文科高质量发展，为新时代文科人才培养，贡献思政智慧和思政力量。

---

① 刘畅、王祎、李东辉：《从慕课到微课——网络视频教学发展的问题及对策》，《中国中医药现代远程教育》2018 年第 5 期。

参考文献

[1]《教育部办公厅关于实施一流本科专业建设"双万计划"的通知》,中华人民共和国教育部官网,2019年4月9日,http://www.moe.gov.cn/srcsite/A08/s7056/201904/t20190409_377216.html。

[2]《新文科研究,不止"文科+新技术"那么简单》,光明网,2021年3月17日,https://m.gmw.cn/baijia/2021-03/17/1302170296.html。

[3] 李巧针:《新形势下高校思政课教学面临的新困境与改革思路》,《北京教育》(高教版)2020年第3期。

[4] 李雪萍:《高校思想政治教育的理论与实践》,中央编译出版社,2016。

[5] 施良方:《学习论》,人民教育出版社,1994。

[6] 李梁:《"慕课"视域下深化思想政治理论课教学改革的若干思考》,《思想理论教育导刊》2014年第12期。

[7]《翻转课堂教学法》,中国大学MOOC官网,https://www.icourse163.org/course/pku-21016。

[8]《习近平主持召开学校思想政治理论课教师座谈会》,中国政府网,2019年3月18日,http://www.gov.cn/xinwen/2019-03/18/content_5374831.html。

[9] 刘畅、王祎、李东辉:《从慕课到微课——网络视频教学发展的问题及对策》,《中国中医药现代远程教育》2018年第5期。

新时代下如何增大数学建模在培养跨学科经管人才中的作用[*]

郝顺利[**]

对经管类学科进行深刻而有效的改革的一个突破点,就是学科之间的交叉融合,而学科之间的交叉融合必然需要跨学科交流。增进跨学科交流可以培养经管类学生的创新意识、创新思维和创新能力,可以激发他们的科研热情,可以促进跨学科经管人才的培养。数学建模就是建立数学模型的过程,其主要作用是对现实中的特定对象或特定目的以及其内在规律进行假设和简化,最后得出所需要的数学结构,通过这样的方式达到解释对象的状态或预测某些特定现象的发展趋势,以便事先掌握决策权或控制权。[①] 全国大学生数学建模竞赛是中国工业与应用数学学会主办的面向全国大学生的群众性科技活动,旨在激励学生学习数学的积极性,提高学生建立数学模型和运用计算机技术解决实际问题的综合能力,鼓励广大学生踊跃参加

---

[*] 本文系北京市高等教育本科教学改革创新重点项目的阶段性成果。
[**] 郝顺利,北京第二外国语学院基础科学部,副教授,公派公费留法博士,主要研究方向为高等数学的教育教学。
[①] 张清松:《高等数学教学中引入数学建模思想的必要性及策略》,《西部素质教育》2016年第24期。

课外科技活动，拓展知识面，培养创造精神及合作意识，推动大学数学教学体系、教学内容和方法的改革。该竞赛创办于1992年，每年一届，一般在每年9月举行，采取通讯竞赛方式。该竞赛是首批被列入"高校学科竞赛排行榜"的19项竞赛之一，已成为全国高校规模最大的基础性学科竞赛，也是世界上规模最大的数学建模竞赛。该竞赛的宗旨是培养创新意识和团队精神，重在参与和公平竞争；指导原则是扩大受益面，保证公平性，推动教学改革，促进科学研究和增进国际交流。竞赛题目一般来源于科学与工程技术、人文与社会科学（含经济管理）等领域经过适当简化加工的实际问题，不要求参赛者预先掌握深入的专业知识，只需学过高等学校的数学基础课程。竞赛题目没有事先设定的标准答案，留有充分空间供参赛学生发挥其聪明才智和创新精神。参赛者应根据题目要求，在约3天时间内完成一篇包括实际问题的选取、模型的假设、建立和求解，计算方法的设计和计算机实现，计算结果的分析和检验，模型的改进等方面的竞赛科技论文（即答卷）并提交。数学建模的结果可以是一种解决问题的思路和方式，不同的小组计算的结果可以不一样，但是要在自己合理假设的基础上得到一个完整的解决方案。竞赛期间参赛队员可以使用各种图书资料（包括互联网上的公开资料）、计算机和软件，但每个参赛队伍必须独立完成赛题解答。对数学建模的考核包括模型的建立、合理假设的提出、论文的写作等内容。竞赛评奖以假设的合理性、建模的创造性、结果的正确性和文字表述的清晰程度为主要标准。纵观历届数学建模大赛，题目的实用性和挑战性是一个显著的特点。通过数学建模竞赛，参赛者可以体验数学创造和发现的过程，锻炼把实际问题转化为数学问题和运用数学理论解决实际问题的能力，提高运用计算机的能力，培养创新意识、精神和能力，获得在书本中、课堂上无法获得的宝贵经验，训练快速获取信息和资料的能力（包括文献检索能力），锻炼快速了解和掌握新知识的技能，培养团队合作意识和精神，提高协调组织能力，培养诚信意识和自律精神，培养综合运用数学知识的能力，增强写作技能和排版技术，训练逻辑思维和开放性思考方式以及提高综合素质，使学生终身受益。另外，通过数学建模训练和包含智慧、毅力和体力较量的数学建模竞赛，学生的兴趣、好奇心和斗志得到激发，学生从中积累多方面的知识，发现自己的潜力、收获自信并展示自己的能力，提高其数学修养和素质，提高其学习能力和想象能力。对于经管类学生而言，数学建模一般是基于问题驱动而在跨学科的交流、探讨和研究中进行的，可以帮助他们达到学以致用、用以促学、学用结合的目的。

在理论方面，李大潜研究将数学建模思想融入数学类主干课程[①]，耿显亚研究大数据背景下数学建模对新时代

---

① 李大潜：《将数学建模思想融入数学类主干课程》，《中国大学教学》2006年第1期。

大学生人才培养的影响①，周娟等研究基于研究生数学建模竞赛的人才培养模式②等，这些研究具有普遍性，但不是针对具体专业的；孙云龙研究财经特色数学建模实践教学体系及其应用③，黄耀研究数学建模教育在金融人才培养中的作用及措施④等，这些研究偏重于财经方面，涉及管理的不多也不全。到目前为止，笔者仍然没有查到关于数学建模对跨学科经管人才培养的作用的文献，更没有发现有文献在此基础上研究增大该培养作用的有效措施。在实践方面，近年来，我国各高校对跨学科经管人才培养方面虽然越来越重视，但仍处于探索阶段。

本文首先分析数学建模对跨学科经管人才培养的作用，然后在此基础上研究新时代下增大数学建模对跨学科经管人才培养作用的有效措施。

一　数学建模对跨学科经管人才培养的作用

数学建模对跨学科经管人才培养有着极其重要的作

---

① 耿显亚：《大数据背景下数学建模对新时代大学生人才培养的影响》，《教育教学论坛》2018 年第 10 期。
② 周娟、周尔民、张红斌、李梅、邓海龙：《基于研究生数学建模竞赛的人才培养模式》，《教育观察》2020 年第 25 期。
③ 孙云龙：《财经特色数学建模实践教学体系的研究与应用》，《实验室研究与探索》2015 年第 12 期。
④ 黄耀：《数学建模教育在金融人才培养中的作用及措施研究》，《中国科技投资》2017 年第 34 期。

用。研究发现，数学建模对跨学科经管人才培养的作用主要有以下五个方面。

1. 增进跨学科交流，培养经管类学生的创新意识、思维和能力

在新时代背景下，科研人员更容易通过跨学科的交流、探讨和研究来取得重大突破，因此跨学科的交流、探讨和研究就显得更为重要。由于参加数学建模竞赛的经管类学生来自高校不同的学院、学科和专业，数学建模为具有一定专业背景的经管类学生提供了不同专业交流的平台，可以增进跨学科交流。跨学院、跨学科和跨专业的经管类学生组队不仅可能会达到更好的效果并取得更好的成绩，而且通过不同背景的学生间的交流可以更好地培养他们的创新意识、思维和能力。

2. 激发经管类学生对学习和科研的兴趣，引导他们学会学习和做好科研

引导、启发学生学会学习和做好科研对于培养跨学科经管人才非常重要。兴趣是最好的老师，数学建模可以激发经管类学生对学习和科研的浓厚兴趣，引导他们学会学习和做好科研，间接地提升经管类学院教师的教学效果。数学建模就是通过计算得到的结果来解释实际问题，再根据实际的检验来建立数学模型的整个过程。如果需要从定量的角度分析或者研究一个实际问题时，就应该在深入调查研究、了解对象信息、做出简化假设、分析内在规律等工作的基础上，用数学的符号和语言来建立数学模型。数

学建模可以帮助经管类学生更好地理解抽象知识，也可以使学生认识到数学知识对解决实际问题（包括经管类问题）的作用。数学建模不仅让数学知识以一个直观的方式呈现出来，还为学生提供了思考的空间和锻炼数学思维的机会。此外，数学建模的作用还体现为，可以引导经管类学生注意数学各分支之间以及数学与其他学科之间的联系、利用不同方向甚至不同领域的工具集中解决问题，引导他们提出问题、跟团队其他成员交流与合作，提高他们的综合能力。

3. 提高经管类学生应用数学的能力

经管类学生通过数学建模可以直观、深刻地感受到数学的作用，主动把数学里相关的理论知识应用到一些经管类问题的解决过程中，从而提高自身应用数学的能力。

4. 培养经管类学生的团队合作能力

参赛队伍团结协作是取得数学建模竞赛好成绩的必要条件，数学建模可以培养经管类学生的团队合作能力。数学建模竞赛仅靠单一的专业知识是不够的，往往需要与不同学院、学科和专业的学生充分讨论，相互学习，将跨学科、跨专业的知识有效结合，才能更好地解决问题。

5. 培养经管类学生与企业开展产学研合作的能力

数学建模能促使经管类学生与企业开展产学研合作项目，进而培养他们与企业开展产学研合作的能力。经管类学生在数学建模竞赛中能充分锻炼与企业开展多种形式产学研合作的能力，形成科学研究、人才培养、科技服务三位一体的学科团队。另外，高校可以通过数学建模倡导学生进行自主研究型学习，鼓励学生的自主创新精神，营造良好的学术研究氛围，增进与企业、研究所和其他高校之间的交流与合作。

二 增大新时代背景下数学建模对跨学科经管人才培养作用的措施

在第一部分研究的基础上，我们得到增大新时代背景下数学建模对跨学科经管人才培养作用的以下四项措施。

1. 更新教学理念

教师通过在数学建模的教育教学中渗透通识教育理念，培养学生深厚的爱国之情、健全的人格，增强学生追求真理的决心，从而加强对学生的价值观、情感、态度与文化素质的培养。在数学建模的教育教学中，教师要通过言传特别是身教加强对学生的人格教育和学术影响，要用自己的人格魅力感染学生，要把自己在数学前沿积极探索的热情等展现给学生。

2. 调整教学内容，改进教学方法

新时代的跨学科经管人才要有对数据进行收集、分析和处理的能力以及解决实际问题的能力等。新时代背景下，教师要通过调整教学内容、改进教学方法、帮助坚持参与数学建模的经管类学生等措施来培养学生对数学建模的兴趣，进而增大数学建模对跨学科经管人才培养的作用。具体来讲,经管类高校或者有经管类学院的高校要开设好经管建模、数学模型和数学实验等课程,提高学生的计算、编程能力,进而培养学生运用数学工具解决实际问题的能力。教师要主动寻找经管类学生的兴趣点,在教学中关注学生的专业兴趣和特长,并有针对性地启发和引导学生;要在教学中适当地融入数学前沿的观点、思想和方法,针对授课对象调整具体的教学内容,删掉比较陈旧的习题,增加与经济、管理相关的内容;在讲解高等数学经典理论时,要尽量和生活、工作中遇到的案例相结合,也要与经管类问题相结合,加强高等数学理论在实践中的应用;要把数学建模的思想和方法融入高等数学(微积分、线性代数、概率论与数理统计等)的教学中,让经管类学生了解数学建模的初步知识,掌握数学建模的基本思路;要提高自身综合能力,多学一些与数学密切相关的经管知识。此外,教师要采用渐进的方式融入数学建模思想和方法,要精选融入内容,和已有的教学内容进行有机结合,充分体现数学建模思想的引领作用。[①] 融入的原则是:集中精力针对该门课程的核心概念和重要内容;应能简明扼要地阐述清楚所用的实际背景;不追求自成体系、自我完善,应与原有内容有机衔接;文字要简洁、通顺,做到朴

[①] 李大潜:《将数学建模思想融入数学类主干课程》,《中国大学教学》2006年第1期。

实无华、平易近人。① 要引导经管类学生重视数学成果在其他学科领域的应用。数学成果的应用是多种多样的。从理论上讲，数学思维可以被应用到任何知识领域，数学方法的应用范围也没有边界。要通过"本原教学法"、抽象思维和形象思维相结合的方法使抽象内容形象化、直观化。要通过介绍优秀的数学文化和数学史使经管类学生接受熏陶。要实实在在地鼓励并帮助坚持参与数学建模的经管类学生。要通过精心创设情境、积极启发和引导、联系生活实际等具体的途径，培养经管类学生丰富的想象力。要充分解放学生思想，让学生对高等数学（包括数学建模）理论和问题进行独立思考，培养经管类学生敏锐的洞察力。要通过引导经管类学生形成自己的数学建模知识体系并灵活运用数学建模思想方法、鼓励经管类学生进行猜想、激发经管类学生对数学美的追求、提示经管类学生注重数形结合和数学语言的直观性、留给经管类学生运用数觉的时间和空间等具体的策略，培养经管类学生的数觉。② 要通过引导经管类学生对所看到或听到的内容进行再思考并按照自己的术语重新组织等具体的方法，培养经管类学生的数学理解力。要通过引导经管类学生提高美学、艺术修养，有意识地把与数学建模教学内容有联系的

---

① 李大潜：《将数学建模思想融入数学类主干课程》，《中国大学教学》2006 年第 1 期。
② 郝顺利：《大学数学教学中数学直觉的培养》，《北京第二外国语学院学报》（增刊）2015 年第 2 期。

美的因素引入课堂教学中,引导经管类学生积极投身于数学建模的实践中等具体的途径,培养经管类学生的数学审美力。[①] 要引导经管类学生将数学甚至一切自然科学作为统一的有机整体去理解,注意数学学科内外的联系。当前数学与其他学科之间的相互联系越来越紧密。要引导经管类学生利用不同领域的思想、方法和工具集中解决问题。在教学中要坚持从问题出发,引导经管类学生提出问题,培养经管类学生提出问题的能力。要从不同学科的渗透中对某一知识进行全方位、多角度的分析,设法让经管类学生提出有意义的问题。科学地提出问题是科学发现的重要组成部分,在数学中,提出问题比解答问题更为重要。一旦提出问题,学生的注意力会更加集中,主动性会更强。要鼓励经管类学生积极尝试解决问题,不要怕出错,要通过不断地纠错去体会真正的数学研究。法国数学家雅克·阿达玛指出:"在数学中,我们不怕错误,实际上错误是经常发生的。"[②] 数学史启发我们:数学家也会经常出错,但他们总是在不断地加以改正,所以在其最后的研究结果中那些错误的痕迹已经没有了。

3. 形成教学团队和数学建模团队

在数学建模的宣传、教学、培训、备赛过程中,指导

[①] 郝顺利:《大学数学教学中数学审美能力的培养》,《北京第二外国语学院学报》(增刊) 2016 年第 1 期。
[②] 〔法〕雅克·阿达玛:《数学领域中的发明心理学》,陈植荫、肖奚安译,大连理工大学出版社,2008。

教师是核心，是保证参赛规模、教学成果、培训效果和竞赛胜出的关键。数学建模要求指导教师知识面广、熟悉高等数学知识和经管知识、有无私奉献的精神。因此，形成有一定规模的教学团队是非常重要的。要在经管类高校和有经管类学院的高校积极开展数学建模社团活动，选出优秀学生组建数学建模团队。

4. 组织数学建模的培训和比赛

经管类高校和有经管类学院的高校要经常组织数学建模培训，举办数学建模讲座，邀请一些数学建模方面的专家学者对经管类学生进行培训，真正地帮助每一位参与数学建模的经管类学生。在对经管类学生进行数学建模的培训中，一方面，主讲教师要灵活运用多种教学模式并综合运用教育心理学等相关知识。例如，主讲教师可将训练内容编制成几个部分的小任务，以练习、作业等形式布置给经管类学生，同时，安排一些较为积极的经管类学生，启发他们先行完成任务，并鼓励他们在培训群积极讨论。以此类方式活跃学术讨论氛围，往往能收到较好的培训效果。另一方面，指导教师应鼓励学生大胆想象，发散思维，勇于提出不同见解，在日常学习和科研中不受传统思维的束缚。经管类高校和有经管类学院的高校可选拔一些优秀的经管类学生参加全国大学生数学建模竞赛，并进行赛前指导、组织赛前热身。

三 结语

总之，数学建模对跨学科经管人才培养的作用主要有：增进跨学科交流，培养经管类学生的创新意识、思维和能力；激发经管类学生对学习和科研的兴趣，引导他们学会学习和做好科研；提高经管类学生应用数学的能力；培养经管类学生的团队合作能力；培养经管类学生与企业开展产学研合作的能力。更新教学理念、调整教学内容和改进教学方法、形成教学团队和数学建模团队以及组织数学建模的培训和比赛这四项措施，可以增大新时代背景下数学建模对跨学科经管人才培养的作用。

参考文献

[1] 耿显亚：《大数据背景下数学建模对新时代大学生人才培养的影响》，《教育教学论坛》2018 年第 10 期。

[2] 郝顺利：《大学数学教学中数学直觉的培养》，《北京第二外国语学院学报》（增刊）2015 年第 2 期。

[3] 郝顺利：《大学数学教学中数学审美能力的培养》，《北京第二外国语学院学报》（增刊）2016 年第 1 期。

[4] 黄耀：《数学建模教育在金融人才培养中的作用及措施研究》，《中国科技投资》2017 年第 34 期。

[5] 李大潜：《将数学建模思想融入数学类主干课程》，《中国大

学教学》2006年第1期。

［6］孙云龙：《财经特色数学建模实践教学体系的研究与应用》，《实验室研究与探索》2015年第12期。

［7］张清松：《高等数学教学中引入数学建模思想的必要性及策略》，《西部素质教育》2016年第24期。

［8］周娟、周尔民、张红斌、李梅、邓海龙：《基于研究生数学建模竞赛的人才培养模式》，《教育观察》2020年第25期。

［9］〔法〕雅克·阿达玛：《数学领域中的发明心理学》，陈植荫、肖奚安译，大连理工大学出版社，2008。

融合认知神经科学，深化戏剧美育目标

——戏剧通识课程中的跨学科思维探索与实践

贾力苈[*]

国家近年来陆续出台的相关政策文件中，美育在教育方针中的位置、功能不断得到强化，随着 2019 年《教育部关于切实加强新时代高等学校美育工作的意见》的印发以及 2020 年《新文科建设宣言》的发布，在明确美育"以审美和人文素养培养"为核心的同时，也更加强调美育与不同学科、社会实践活动的交叉融合，鼓励培养学生的跨学科知识融通能力和创新实践能力。对于置身于更加广泛的学科视野中的戏剧美育通识课程，如何通过交叉性学科的融合，拓展美育内涵，深化美育目标，以更好地完成立德树人的根本任务，适应新时代人才培养的需求，成为美育通识课程探索与实践的立足点与出发点。

一　立足学校人才培养，构建美育人才培养内涵

北京第二外国语学院是一所以外语和旅游为优势特色学科、以"多语种复语、跨专业复合"人才培养需求为

---

[*] 贾力苈，北京第二外国语学院团委艺术教研室，副教授。

根本出发点的高校。"中外戏剧名作赏析"课程作为面向全校各个专业开设的戏剧美育通识课程，立足于学校人才培养目标，在探索跨学科实践的过程中，我们对其主要有以下几点思考。

1. 学校特色专业与美育对象的跨学科基础。作为一门面向全校本科生开设的戏剧美育通识课程，一方面，选择该课的学生的专业多元，在知识结构上具有跨学科基础，同时基于外语类院校特点，学生的跨文化交流意识与能力为具体教学环节的开展提供了保障，进一步开阔了学生的国际视野，强化了该课程对学生的家国情怀的价值引领作用；另一方面，学校特色专业（外语、旅游）与戏剧艺术存在深度融合的可能，尤其是文旅演艺作为文旅深度融合的主要形态，围绕其所出现的系列演艺新型业态与创作现象，拓展了课程与旅游学科的交叉路径。此外，授课对象均来自非艺术专业，相较于综合类大学或艺术院校学生，外语类院校戏剧通识课程的授课对象，普遍对戏剧艺术有兴趣但缺少理论基础，有学习的欲望但更希望找到其与自身生活、所学专业的联系，有中外文化的交流比较意识但需要一定的价值引领。对此，如何通过学科交叉发挥外语类院校优势，让学生在戏剧审美过程中，进一步探索美育与自身所学专业、日常生活的关联，成为课程跨学科思维探索的重要出发点。

2. 戏剧学科研究中的跨学科特点与认知转向。戏剧学科自身具备跨学科属性：一方面，戏剧艺术自身的视听综合属性，从创作到观演交流都是围绕人的多元、多重感知展开；另一方面，戏剧学科研究从方法到问题，一直都是在与不同学科的交叉融合中发展的，并进一步衍生出戏剧人类学、戏剧符号学等新兴分支学科。可以说，跨学科意识与方法，一直是推动戏剧艺术创作与研究的核心动力。其中，认知神经科学视角的转向，更是近年来戏剧研究领域的前沿问题，对其相关学科理论与方法的应用，不仅为剧场观演行为提供了更为科学的理论阐释，拓展了戏剧研究的视野，还催生了戏剧创作的多元现象，这些都为戏剧美育适应当下社会发展，与不同学科、领域的互动提供了丰富的土壤。

3. 社会经济发展中的戏剧美育跨学科需求。跨学科思维的应用，从更广泛意义上说，是当下社会经济、文化科技发展对高校人才培养提出的新需求。从戏剧艺术自身发展来说，一方面，体验经济时代的戏剧艺术，越发强调为观众提供沉浸与交互体验，比如近年来流行的"浸没式戏剧"、文旅融合视域下的系列演艺项目等；另一方面，科技尤其是数码科技的发展，引发了戏剧创作在观念、技法上的多元变革与创新，尤其是戏剧创作中的跨媒介现象、科艺融合等创作趋势。上述现象实际上也反映了新时代的青年，越发不满足于单纯、被动的审美，而是更希望获得主动参与的体验，这些也深刻影响着学生日常生活中对戏剧乃至各类文化艺术娱乐活动的理解。

综上所述，美育政策的指导背景与学校人才培养方案的实施对教育教学理念革新提出了新的要求。"中外戏剧名作赏析"作为北京第二外国语学院的戏剧美育通识课程,在课程内涵建设与教学设计方面,在尊重戏剧艺术发展规律的基础上,凝练学科特点,充分发挥戏剧的学科交叉属性与融合基础,以认知神经科学相关理论与实践成果作为重构教学模块、过程的视角、方法与策略,在培养学生感知戏剧美、掌握戏剧赏析基本知识与技能的同时,强化学生在戏剧观演、鉴赏过程中对自身感知、认知状态的理解,形成审美自省,在实现美育目标的同时,进一步探索戏剧美育与不同学科交叉融合、创新协同发展的更多可能性,以便更好地服务于学校复合型人才建设,适应新时代人才培养需求,实现培养全面的人的根本目标。

二 戏剧美育通识课程跨学科的内涵与特征

相较于戏剧艺术专业教学中的跨学科思维,戏剧美育通识课程与不同学科的交叉融合,其主要目的不是实现学科的分科突围或是生成新兴学科,而是进一步打破"专"与"通"的壁垒,实现"德智体美劳"中"美"与其他几个培养面向的融合,强化戏剧与其他外部学科的互动,深化美育在培养全面的人的方面的内涵。认知神经科学是以人的感知觉、注意、记忆、语言、思维、表象与意识等为主要研究对象的学科。通过对其相关理论成果的借鉴、融合和应用,我们在实现审美教育的同时,阐明其背后的神经生物学基础,不仅引导学生理解何为美,还帮助学生进一步把握为何美,从而进行更为科学、系统化的戏剧美育通识教学设计,丰富和深化课程内涵。对于课程"中外戏剧名作赏析"来说,其在探索与实践中形成了以下几个主要特征。

1. 美育教学目标的深化。在教学目标设计上,课程在让学生掌握戏剧鉴赏的基本知识与技能的同时,注重提升学生的审美与人文素养,深化认知层面目标。具体而言,让学生了解,进而把握自身在戏剧审美过程中的感知、信息加工的神经机制,从而形成自身对戏剧审美、欣赏过程的感知(见图1)。

知识层面 ·戏剧艺术的综合属性 ·中外戏剧发展的基本轮廓 → 审美知识

能力层面 ·戏剧鉴赏的基本维度 ·中外戏剧鉴赏的基本方法 → 审美素养

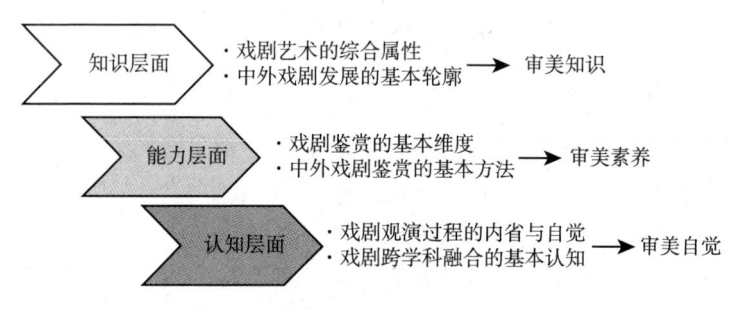

认知层面 ·戏剧观演过程的内省与自觉 ·戏剧跨学科融合的基本认知 → 审美自觉

图1 戏剧美育通识教学目标设计

2. 戏剧美育通识课程的科学化、系统化。认知神经科学跨学科思维与方法的设计引入,对于美育课程内涵建设的重要意义在于:一方面,基于戏剧艺术学科发展的基本规律,可以强化教学设计的内在逻辑性,尤其是借鉴神经科学领域对于人的认知普遍性的研究,得以最大限度地找准不同学科讨论、鉴赏戏剧艺术的基础；另一方面，选取有针对性的、适合解读戏剧审美过程的不同元素、类型的认知神经科学概念，作为重构模块教学的基础框架，有助于提升美育课程设计的科学化和系统化。

3. 传统戏曲文化入课堂的创新路径。科技的发展，跨学科方法的应用，不仅给传统教学带来从理念到方法上的创新，还有助于我们找到传统文化与当下文化进行对话的创新路径。"中外戏剧名作赏析"通过对相关神经科学原理的融合，在中外比较视野中，基于人的感知规律，构建起中国传统戏曲与西方戏剧、当下戏剧艺术发展对话的内在逻辑，由此探索中国戏曲艺术在当下大学生接受视野中的传承、国际传播创新路径，强化学生的文化认同感与传承责任感，更好地发挥文化传承和价值观引导功能。

4. 美育通识学科内涵建设的立体性与开放性。一方面，融合认知神经科学，拓宽戏剧解读视野、丰富课程内涵，进一步强化戏剧美育通识课程体系的开放性，推动其与不同学科、社会实践活动的交叉融合；另一方面，认知神经科学，有助于最大化地构建戏剧美育通识课程与学生自身的逻辑性，师生共同强化对学科内涵立体性与开放性的认识，更好地满足新文科建设背景对高等教育提出的改革创新方向的要求。

三 "中外戏剧名作赏析"的跨学科设计与教学实践

戏剧美育通识课程与认知神经科学的交叉融合教学设计，是指以戏剧艺术综合属性、学科通律为基础，基于课堂教学师生关系与剧场观演机制的同构特征，借鉴、融合认知神经科学理论与研究成果，以深化美育目标、实现立德树人为根本任务，提炼相关认知神经科学概念、理论与成果，作为重构教学内容、过程设计的框架，对戏剧艺术元素（剧作、导演、表演、舞台设计、观众）及其结构方式进行较为全面的理论阐释，凝练戏剧艺术独特价值，提升戏剧美育通识的立体性与开放性。

在具体教学实践上，"中外戏剧名作赏析"的课程模块划分为"戏剧文学"、"导表演艺术"、"舞美空间"和"观众与媒介"四大单元。选取中外戏剧经典作品、舞台影像和重要的观演文化现象，借鉴、融合认知神经科学相关理论与成果，一方面，以相关认知神经科学原理搭建框架、创设情境，让学生在学习、掌握戏剧鉴赏基本知识、技能的同时，对自身审美过程形成自省意识，激发学生构建戏剧与不同学科融通的思维；另一方面，在每个单元、每节课程的教学目标与环节设计上，注重"微化"，强化"问题导向"，获得更加有效的教学反馈。

戏剧美育课程的跨学科设计如图 2 所示。

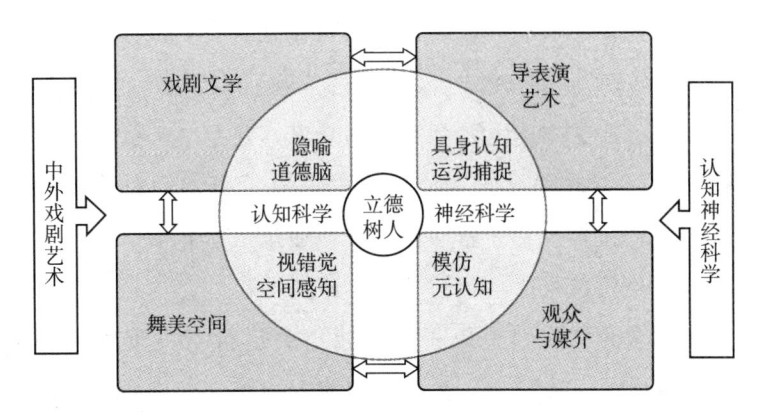

图 2　戏剧美育课程的跨学科设计思路

具体到每个模块的教学内容、教学过程设计如下。

1. 导论：唤醒多元感知。作为课程的导论部分，其主要教学目标在于构建起学生对"戏剧是一种综合艺术、以'假定性'为本质属性，以及观演过程具有多元互动等特点"的认知框架与讨论基础。为此，在教学上，主要借鉴认知神经科学中有关人的感知觉基本规律的研究成果，结合戏剧发展的前沿现象（如戏剧在剧场以外空间的演出与形态，科技尤其是数码科技对于舞台演出的介入与融合，新冠肺炎疫情时期的线上戏剧，以及戏剧在监狱、环保等不同领域的应用等），加深学生对于戏剧的理解，同时实现学生在欣赏戏剧过程中的身心在场。

2. 戏剧文学单元：重新体认经典。相对而言，戏剧文学（剧作）是学生在戏剧艺术赏析中较为熟悉的构成元素，这一单元教学借鉴认知语言与心理的相关研究成果，在帮助学生科学、深入理解经典何以为经典的同时，对戏剧之于当下、社会的意义进行拓展思考。以莎士比亚与阿瑟·米勒相关课程教学设计为例：对于莎士比亚部分，为了让学生深入感知经典的意义，在教学中借鉴"隐喻"与人类潜意识的互动关系及其对审美感知影响的相关研究，让学生对莎翁剧作中如何通过概念隐喻、情节省略以及角色自身所承担的幻象、梦境等设计，构建起与读者、观众的认知和想象相通的桥梁，进行审美理解与鉴赏。由此，学生在对人类感知规律的理解中，重新体认经典超越时代的意义，同时拓展学生在学习戏剧与语言学时的交叉融合思维。

阿瑟·米勒，作为一个善于处理社会道德议题的美国戏剧家，对其剧作的赏析，有助于拓展学生对艺术与社会道德互动关系的思考。本单元教学借助认知神经科学对道德脑区的经典实验研究以及心理学上的"电车难题"等著名实验，让学生思考道德判断的神经生物学基础及其在与情绪、心理互动中的复杂性与矛盾性，由此对阿瑟·米勒剧作中角色在两难困境中的伦理抉择更加感同身受，同时重新思考戏剧艺术与伦理道德的关系及其在帮助人们做出正确道德抉择时可以发挥的引导功能，树立正确的道德观和价值观。

3. 导表演艺术单元：强化文化传承自觉与自信。本单元主要借助"镜像神经元"相关研究成果，在对中外戏剧中不同导表演风格、流派的赏析中，一方面，让学生进一步理解自己在对舞台演出观赏过程中的神经运行机制，构建起对戏剧演出鉴赏的思维方法与内省意识；另一方面，作为本单元的教学重点，通过对中外戏剧的比较，展开对中国戏曲艺术的鉴赏与讨论，在与西方以模仿生活为主的表演方式的比较中，引导学生理解和把握戏曲艺术以"程式"为主要特征的艺术特征与规律，通过舞台空间上"一桌二椅"与演员"程式"的互动，进一步将戏曲赏析的着眼点，落到观众"审美信息加工"上，"唤醒学生的审美联想与想象自觉，即'审美联想，是由一种审美事物想到另一种审美事物的心理过程。审美想象是人脑对原有的审美表象进行加工改造而形成新形象的心理过程'"[①]，从而构建起戏曲艺术在观演互动中，与当下文化艺术的对话和交流的桥梁。由此，提升学生的审美与人文素养，强化学生对传统戏曲文化的认同、学习兴趣与传承意识，成为本课程改革的重要出发点。

4. 舞美空间单元：空间感知与视错觉应用。本单元教学以案例欣赏为主要教学形式，选取具有代表性的剧场空间设计作品，以及当下文旅融合演艺案例作为主要案例，让学生思考不同剧场空间、舞美设计及其对作品风格、观演过程的影响，同时思考身体与空间互动的意义。以"视错觉"原理为重点，"视错觉"不仅是人类感知的特殊现象，更是艺术创作中的重要原理，结合相关认知、

---

① 邓佳、黄雪：《美育的神经基础》，《华东师范大学学报》（教育科学版）2017年第5期。

心理实验，激发学生对艺术欣赏与创作的兴趣，更加深入理解剧场艺术的魅力，提升其审美层面的空间感知力。

5. 观众与媒介单元：媒介意识与审美自觉。该单元是课程教学中与学生自身联系最为紧密的部分，也是课程教学目标的重要落脚点。选取身体、空间、跨界、科技作为四个关键词；选取具有代表性的当代戏剧作品与创作现象，讨论传统与创新的辩证关系；总结浸没式戏剧在革新观演关系上所带来的体验特征，以及戏剧创作中对科技的融合及由此衍生出的跨媒介创作等现象，让学生在感知戏剧发展的多元与开放性的同时，强化四个单元知识体系的内在联系与互动，促使学生在戏剧观演、审美过程中形成媒介自觉意识。

除了教学单元模块设计，在具体教学过程中，基于跨学科思维的设计着眼点还包括以下三点。

1. 教学过程方面，注意目标微化和问题导向意识。在针对每个模块的教学过程中，贯穿认知神经科学对人的注意力、情绪等的相关研究，不断调整教学环节、方法策略。基于授课对象的身心特点，在认知神经科学融入课程教学过程中，主要围绕以下三种实施方法展开。（1）中西方比较思维。基于人的共通感知规律，融入中西方比较思维，这在提升学生人文素养与思维能力的同时，也有助于唤醒学生对民族文化的自觉意识，强化对民族文化的认同感。（2）认知情境创设的日常性。基于学生来自非戏剧专业的多元学科背景与知识结构，在应用认知神经科学构建导入情境时，注重兼顾学生的日常生活经验，以具有共识且能够促进知识迁移、创新能力提升作为授课基础。（3）多媒体技术的辅助作用。基于学生的感知特点，可视化的知识点、赏析过程可进一步激发学生的身心参与感，强化学生的主体性。

2. 在授课语言方面，有意识地进行"动词"设计与替换。通过对脑成像、认知行为等进行研究，我们对动词语义的理解会引起大脑感觉运动脑区的活跃，同时伴随身体动作的改变。"在认知神经机制上，身体动作与动词加工有着某种的一致性，其一致表现在个体进行动词加工时其大脑的激活区域与个体身体进行相应动作时的脑区是一致的。"[1] 相关功能性磁共振成像（fMRI）研究显示，当人们在阅读时如果读到关于脸部、手臂或腿部的动词（如舔、捡、踢等），会实际激活大脑内相应的运动脑区，同时强化对这一动作的理解。[2] 所以，在教学过程中教师有意识、有目的地强化动词的使用以及肢体语言的配合，将会唤起学生的模仿冲动，对学生的认知学习过程起到积极的作用。对于戏剧美育通识课程而言，这一作用不仅显著地体现在对于有关"表演艺术"的教学中，还具体到

---

[1] 王继瑛、叶浩生、苏得权：《身体动作与语义加工：具身隐喻的视角》，《心理学探析》，2018年第1期。

[2] Hauk, O., Johnsrude, I., and Pulvermüller, F., "Somatotopic Representation of Action Words in Human Motor and Premotor Cortex", *Neuron* 41, 2004.

戏剧作品的赏析、戏剧家创作经历的讲解中，有助于强化学生的身体在场，推动课堂学习环境的建设，深化立德树人的题中之意。

3、考核中的多任务选项设计。在课程考核方式的设计中，提供多任务型选项，在实现美育通识的教学目标中，最大限度地关注个体，最大化地培养学生的课堂学习个性、风格，实现学生课堂学习的有效反馈。依托课程模块设计特色，让学生尽可能选择自身审美与戏剧艺术最具关联性的面向和形式，为学生提供尽可能多的参与形式、作业完成形式，有意识地将课程考核作为学生体验教学过程中的一个有机环节。

四 结语与拓展思考

新文科背景下的美育课程设计，在指明教学改革理念与方向的同时，对教师自身素质也提出了新的要求，尤其是跨学科的教研能力。同时，也需要教师不断思考学科交叉、跨学科教学设计对于通识美育教学的独特意义。跨学科作为"打破学科壁垒、超越一个已知的学科边界，进行涉及两个或两个以上学科知识的有机整合的科研或教育实践活动"[1]，往往以解决单一学科难以解决的问题为目标

---

[1] 李文鑫、黄进主编《跨学科人才培养的理论研究》，武汉大学出版社，2004。

导向，但对于美育通识来说，相较于解决复杂问题，其跨学科的意义更在于，如何更好地实现培养全面的人，实现"德智体美劳"中"美"与其他几个培养面向的深层互动与融合。其中，通过对认知神经科学的交叉融合，"中外戏剧名作赏析"课程得以凝练戏剧艺术学科特点，以通识为基，多元融合，深化美育目标，提升学生跨学科的思维能力。

与此同时，在探索美育通识课程跨学科的实践中，我们也认识到，认知神经科学对人文领域的影响是多维度的，是不断发展的，对于戏剧艺术而言，随着系列交互、沉浸等创作趋势的出现，观众的身心体验越发成为剧场创作的核心议题，对于同样具有观演关系特点的戏剧美育课堂来说，亦是如此。所以，理解人、研究人，借助已有的科学研究成果，在应对新时代、新文科建设对美育教学提出的新需求与挑战的同时，也为未来戏剧艺术与不同学科、不同人才培养需求的互动发展提供了立体的、开放式的思考路径，对这一问题的持续性思考，将有助于戏剧美育发展、强化其在人才培养体系中的功能与作用。

高校外语学科在线教学中形成性评价的应用探讨

——以本科"日本文学史"课程为例

彭雨新[*]

《国家中长期教育改革和发展规划纲要（2010—2020年）》指出，要以学生为主体，以教师为主导，充分发挥学生的主动性，把促进学生健康成长作为学校一切工作的出发点和落脚点，即要求改变"以教为中心"，构建"以学生为主体""以学为中心"的教学模式。而自2020年起，随着新冠肺炎疫情席卷全球，教育教学活动逐渐全面转入"线上"。在线教学可以轻松实现云端讲授，相比"演练""讨论"，其优势明显在于"以教为中心"的呈现模式。但讲授式教学模式仅对擅长"听觉学习"的学生有较好的效果，在培养学生思考能力方面，几乎所有讲授法的效果都不如讨论式教学法。而讲授法的弱点在线上课堂中更易被凸显，学生因为缺少现场感和互动性，其注意力很容易随着时间的推移而减弱。因此，在新冠肺炎疫情防控常态化要求下，如何构建"以学为中心"的在线教

---

[*] 彭雨新，北京第二外国语学院日语学院讲师，主要研究方向为日本文学、日语教育研究。

学模式是当前教育界面临的紧迫课题。解决该问题需要教师思考如何在远程教学中利用互联网特性与技术手段充分调动学生的主动性、自觉性，实现有效学习。同时，需要探索新方法让教师能够切实把握学生的学习动态，形成有效的互动及评价。

形成性评价策略是一种"作为学习的评价"方式，强调以学生为主体，利用学习者的自我评价和同伴评价实现学习者的自我反思，同时给予同伴学习反馈。李志义指出，"以学为中心"的教学特别强调形成性评价。[1] 从建构主义学习理论的视角看，形成性评价强调以"评价"激励学习者主动参与学习；关注学习者构建知识时所采取的措施和方法，并在其知识构建过程中加以评价；促使学习者在学习过程中获得激励，产生自信心和成就感，形成继续学习的动力。形成性评价最早由澳大利亚学者在20世纪60年代末提出，在80年代末取得第二次飞跃性发展。从20世纪90年代至今，形成性评价进入发展新时期，更加强调将"评价"与"教学"、"学习"环节融于一体。评价既是教学，又是学习。评价主体从专家至教师，再到教师和学生，最后发展为以学生为主体，评价的重心逐渐下移，评价促进学习的本质和功能逐渐被认识和挖掘。[2] 因此，笔者认

---

[1] 李志义：《"水课"与"金课"之我见》，《中国大学教学》2018年第12期。

[2] 赵士果：《促进学习的课堂评价研究》，华东师范大学博士学位论文，2013。

为在高校外语学科的在线教学课程中导入形成性评价策略可成为构建"以学为中心"的在线课堂、实现学生"主动学习"与师生"远程互动"的重要途径。

2020年11月3日,教育部新文科建设工作组发布了《新文科建设宣言》。该宣言指出,新文科专业建设要与大数据等现代信息技术深入融合,建立健全以大数据为基础的文科教育质量常态监测体系。而在高校外语学科的在线教学中导入形成性评价策略的技术手段,正是探索新文科人才培养与大数据信息技术深度融合的重要途径。

形成性评价策略应用于在线教学的实施方法多种多样,如电子档案袋、讨论板、案例研究等。其中,电子档案袋可以通过在线为学生提供评价和反馈来进一步支持远程教学。该方法鼓励反思性学习,能促进学习者进一步发挥主观能动性,参与到学习活动中来。同时,电子档案袋所具备的收集学习信息、反映学习状态和联系教师与学习者的功能[1],符合形成性评价策略的原则以及高校在线教学对于主动学习、有效互动的需要。因此,本研究通过在本科"日本文学史"线上课程中实施电子档案袋评价模式,探索新文科背景下高校在线教学中应用形成性评价策略的方法与效果。

---

[1] Emmanuel Jean Francois, *Transnational Perspectives on Innovation in Teaching and Learning Technologies* (Boston: Brill Sense, 2018).

一 电子档案袋在"日本文学史"课程中的实施背景

"日本文学史"是高校日语语言文学专业的非语言类主干课程之一。该课程与"日本文学选读""日本文学赏析"等共同构成日语语言文学专业中文学类课型的核心课程。教育部高等学校外语专业教学指导委员会日语组编写的《高等院校日语专业高年级阶段教学大纲》指出，日本文学课型的开设目的在于通过文学课的教学，不仅要提高学生的文学鉴赏能力和审美水平，还要开阔学生视野，陶冶学生情操，培养其良好的素质和气质。另外，还应使学生初步掌握文艺批评的方法，为其将来从事日本文学研究、教学或撰写文学方面的学术论文打下基础。因此，作为高校外语专业中一门重要的"非语言"课程，日本文学史在目的和要求上呈现与语言教学不同的特征。它强调从理性上提高学习者的文学鉴赏、思考、研究能力，同时在感性上培养学生的审美意趣与视野情操。

笔者所在高校现行的人才培养方案规定，为日语专业本科三年级学生开设"日本文学选读"（秋季学期）和"日本文学史"（春季学期）两门课程。在由以上两门课程构成的全学年的文学课型中，使学生系统连贯地在秋季学期学习日本古代文学，在春季学期学习日本近现代文学的专业知识。教学方式要求以教师的课堂讲授为主，在教学中适当地组织课堂讨论以培养学生的阅读能力和独立分析能力。每学期课程共计17周34学时。

2019~2020年度春季学期的"日本文学史"面向三年级三个班级开设。受新冠肺炎疫情影响，全学期实施了线上教学。"日本文学史"课程因其教学内容、课程性质的要求，需要讲授大量的文学史知识和文学常识。此外，受限于在线课堂的客观条件，教师很容易陷入以单向输出为中心的传统讲授式教学中。教师在课堂教学中无法实时观测学生的表情、肢体反应，学生隔着电子屏幕也难以长时间集中注意力，进入学习状态。线下课堂中可以轻松实现的讨论式教学、小组合作学习等能够调动学生主观能动性的互动式教学法无法派上用场。因此，为了能在容易使学生感到枯燥乏味的文学史在线课堂中，增加师生和生生互动性，激发学生"主动学习"的积极性，及时把握学生的学习状态，笔者在本学期"日本文学史"在线教学中导入形成性评价策略，面向选修本课程的49名本科生实施了电子档案袋评价。

二 电子档案袋在"日本文学史"课堂中的实施方式

由于2020年新冠肺炎疫情的突袭而至，"日本文学史"课程迅速转入线上教学后，和大部分课程一样，并没有精准配套的在线课程教学资料和电子档案袋评价平台。

因此，在新文科建设对互联网信息技术深度应用的思想倡导下，本研究积极学习教育界将腾讯会议、企业微信、钉钉等移动办公平台活用于在线教学的成功经验，尝试在电子档案袋评价模式的理论框架下，使用"多人协作在线文档"进行直观、简洁的电子档案袋平台构建。

多人协作在线文档作为一种大数据可视化的技术手段，在移动办公领域已有成熟应用。该技术的最大特点是多位用户可以同时在不同终端设备上，在线编辑同一份文档，并且能够实时看到其他用户所做的修改。国内外多人协作在线文档工具有 Google Docs、Quip、腾讯文档、石墨文档等。孙瑞瑞在探讨多人协作在线平台的设计与应用中指出，随着互联网技术的发展，研究人员越来越希望借助信息化工具来开展跨时空、跨领域的协同工作活动，使线下的科研活动能够在线上实现，而协同编辑平台便是其中的工具之一。[①] 如谷歌公司研发的 Google Docs，能够允许多人编辑同一份文档，也允许使用者在线演示和发布文档，能自动保存所有使用者对文档的操作，不用手动刷新页面。

本研究采用国内开发的多人协作在线文档——石墨文档来作为在线教学过程中的电子档案袋评价工具。与 Google Docs 类似，石墨文档也可以实现多名使用者同时在同一文档或表格上进行在线编辑与即时讨论，并实时将

---

① 孙瑞瑞：《面向科研协作的文档协同编辑平台设计与实现》，山西大学硕士学位论文，2016。

操作保存在云端。近年来，因多人协作在线文档具有即时性、交互性、共享性的特征，国内也出现了将其应用于教学领域的研究。不同于语言教学要求评价体系对学习者进行听、说、读、写、译各项能力的全面评估，本课程作为高校外语专业的非语言类课程，主要希望通过电子档案袋实现对学生学习主动性和师生互动性的形成性评价，从而在常态化的在线教学活动中，切实把握学生的学习动态，构建"以学为中心"的在线课堂。因此，原本面向移动办公而开发的多人协作在线文档，能够克服电子档案袋创建过程中费时、依赖技术平台、要求教师有使用经验的缺陷，达到本课程的教学目的。

具体实施方式为，教师在每周课程结束后，创建一份多人协作在线文档，作为本周的"班级电子档案袋"；要求学生根据本周课上讲授内容，选择自己最感兴趣的作家、作品、流派或知识点阐发感想和思考，于下周上课前填入"班级电子档案袋"中；下一周上课时，利用多人协作在线文档可以实现多人同时在同一文档及表格上进行编辑和实时讨论的功能，师生将一起对"班级电子档案袋"中每位学生的学习反馈进行评价和讨论。师生集体评价和讨论方式包括在"班级电子档案袋"中的个人学习反馈栏内添加下划线、更改字体颜色、输入文字评语、颜文字符号等。

具体要求如下。学生在"班级电子档案袋"中填写学习反馈时，可自由选定话题，使用日语记录思考感受；

反馈内容前需标注本人姓名，使用黑色文字。教师对学生反馈的内容进行评价时，使用"下划线进行标注"，使用"绿色文字进行评论"。学生对其他学生的反馈内容进行评价时，使用"更改文字颜色进行标注"，使用"（绿色以外的）彩色文字、颜文字进行评论"。

实际操作中"班级电子档案袋"的主体黑色文字为学生关于上周教学内容的思考反馈。下划线部分为教师对于学生阐发的感想中特别感兴趣、有共鸣的部分，为教师评价的第一种体现。而教师对于学生感想的具体文字反馈（在表格中以绿色文字呈现），为教师评价的第二种体现。

而表格中出现的学生本人对于教师评价的回应（其他彩色文字），为学生对其自身学习反馈的再评价，即学生自评。而其他学生对于该学生的感想反馈，也可以通过文字色彩变化呈现在表格中，即"生生互评"。由于师生在同一文档上进行编辑和讨论，"生生互评"有时会发生在教师评价之前，并不会受到教师评价的影响。基于多人协作在线文档的电子档案袋对这一评价、讨论发生的顺序，也忠实地记录了下来。

在每周讲授内容开始前，教师可以先通过"班级电子档案袋"的环节，使所有学生能同时参与在线互动，也使所有学生能看到教师和其他学生对自己学习感受的评价和讨论，使其获得积极思考、主动学习的鼓励。教师能通过该环节对上周教学内容进行复习回顾，同时把握学生的理解程度、思考方向和兴趣点。学期末，教师通过汇总整理每周的"班级电子档案袋",可以形成本学期的"个人电子档案袋"。"个人电子档案袋"可以反映学生每周的学习状态、思考感受、与他人互动的痕迹等重要信息,构成对于其本学期整体学习效果的形成性评价。

三 课堂实践的大数据整理与可视化分析

笔者于2019~2020年度春季学期进行了教学实践。研究实践的对象为北京第二外国语学院日语学院本科三年级的三个班级,共49位学生。通过在线实施班级电子档案袋评价,本研究共得到36份班级电子档案袋,49份个人电子档案袋。

在实施周期方面,2班、3班分别实施班级电子档案袋共计14周。此外,因整体教学计划调整,1班自期中考试后,即第10周起交接给笔者,由笔者担任授课教师,因此,其电子档案实施周期为第10周至第17周,共计8周。

通过本课程的电子档案袋填写规则以及实际操作的情况可以看出,基于多人协作在线文档的"班级电子档案袋"可以实现学生的学习反馈、自我评价以及两种方式的教师评价和两种方式的学生互评(见表1)。

表1 日本文学史课堂"班级电子档案袋"中师生评价与互动的实现

评价/互动	表记方式	表记内容
学生的学习反馈	黑色文字	学生的思考、感想

续表

评价/互动	表记方式	表记内容
学生的自我评价	蓝色文字	学生对其他学生评价的二次反馈/对自身思考的再评价
教师评价1	下划线	教师对于学生学习反馈中感兴趣、有共鸣、存疑等的部分
教师评价2	绿色文字	教师对于该学生感想的具体文字评论
生生互评1	（蓝色、绿色以外的）彩色文字、颜文字	其他学生对于该学生学习反馈中感兴趣、有共鸣、存疑等的部分
生生互评2	（蓝色、绿色以外的）彩色文字、颜文字	其他学生对于该学生感想的具体文字评论

其中，第一项"学生的学习反馈"可以达到引导学生"主动学习"和对本学期其整体学习状况进行形成性评价的效果。而第二项"学生的自我评价"则进一步促使学生发挥主观能动性、积极进行深度思考，在讨论中辩证地看待自己的"所思所想"，达到提高自身的鉴赏、思考、研究能力，培养自身审美意趣与陶冶情操的教学目的。而两种方式的教师评价、生生互评则形成了一种"有效互动"，避免日本文学史在线课程落入传统讲授、单向输出的枯燥乏味情境中。综上所述，日本文学史线上课堂中"班级电子档案袋"的导入，在对学生整个学期的学习状态进行实时把握、生成形成性评价的同时，达到了引导学生"主动学习"、增加师生"有效互动"的目的。

此外，随着日本文学史课程中电子档案袋的常规性实践，学生逐渐适应该评价模式，在中后期的感想、互动中趋向于挣脱外语水平的束缚，阐发更深刻、更活跃的思考。面对学生在表达、交流、互动上呈现的热情，"班级电子档案袋"的填写也导入了一些更灵活的应对方式。

为适应学生对表达、思考、互动的迫切需求，"班级电子档案袋"在评论和反馈方式上主要采取了以下的灵活措施。第一，放宽语言自由度。评价、讨论部分允许使用中文或日文进行表达。日本文学史作为日语语言文学专业的主干课程，其广义上的外语学习目的毋庸置疑，但区别于语言类课程的是，文学课型着重培养学生的文学鉴赏和思考能力。因此，适当放宽语言限制，从本质上强化了日本文学史电子档案袋的使用意义。第二，放宽身份认证自由度。根据学生的意愿，在评价、讨论部分允许实名或匿名评价。匿名评价能使学生不用顾及"评价""分数"，以更加轻松、真诚、积极的心态加入讨论，实现更加活跃、诚恳的互动。第三，放宽平台自由度。学生可以自由选择在电子档案袋中进行反馈，或在班级微信群、腾讯会议室等在线教学平台中进行文字、语音讨论。语音讨论大大提高了交流效率，也给远程在线学习的学生们提供了更多"张嘴说"的途径。学生发言的加入，也从客观上更加吸引其他学生的注意力，刺激课堂的活性化。然而，实时语音交流无法在基于多人协作在线文档的电子档案袋中留下痕迹，需要教师在课后对课堂互动进行回顾、整理和标记，是需要日后进一步探讨解决的难点之一。

四 在线课堂中形成性评价策略的量化标准

包括电子档案袋在内的形成性评价策略如何量化评价标准，对学生每一阶段的表现做出客观评估，始终是该领域需要持续探讨的问题。关于电子档案袋的实证研究中常见的评价标准有：通过期末考试成绩数据与往届、对照班级进行对比，从而说明形成性评价策略的有效性；在学期开始前和结束后对学生实施同一份问卷调查，对比其在实施形成性评价策略前后对课程内容的兴趣、完成课业任务的积极性等；对于电子档案袋在语言教学中的应用，也有将语言学习的各种能力（如语音语调、词汇语法、语用能力等）考核细化到电子档案袋中，对应相应分值的量化标准。而期末考试、期末调查问卷虽然能从侧面反映形成性评价策略带来的积极效果，但其本身是一种终结性评价，并非量化形成性评价内容的一种手段。而本研究面向的日本文学课型，要求学生在电子档案袋评价模式中针对文学话题打开思路、积极思考、阐发感受。其用于评价的内容本身趋于感性化，不容易形成完全客观的量化标准。

因此，在处理日本文学史课堂中实践的电子档案袋数据时，笔者对其量化标准做出以下探索。表 2 中列出了 5 项评价标准，有的项目有两个细化标准。因文学鉴赏类课程内容的特殊性，5 项标准中从第 1 项到第 5 项呈现由绝对客观到相对主观的评价趋势。

表 2 日本文学史课程电子档案袋的量化评价标准

序号	评价参考项目	评分标准	分值
1	提交电子档案次数	提交次数每少 1 次	-5
2	内容体量（篇幅）	内容过于简短	-1
		内容丰富（超出平均值）	+1
3	内容原创性	与他人/网络内容明显相似	-5
4	内容思想性	仅罗列基本信息，缺乏思考性内容	-1
		思考/感受性内容比重高于平均值	+1
5	互动性/互评性	对教师的点评、提问积极回应	+1
		对同学阐发的内容积极评论、进行互动	+1

第 1 项"提交电子档案次数"，因缺勤等，提交次数每少 1 次核减相应分数。第 2 项"内容体量（篇幅）"方面，也是可以直观做出判断的一项标准。内容过短、没有充分思考、学习态度不够认真则进行相应减分，相反，内容体量明显超出平均值的则加分。但相对第 1 项标准的绝对客观，体量（篇幅）的平均值这一评价已掺杂教师的主观判断。第 3 项、第 4 项则更具有主观性，根据本课程教学目的，导入文学研究的评价思路，关注内容的原创性及思想性，相应地进行分数的增减。第 5 项则为本课程实施电子档案袋的初衷之一，即互动性/互评性。但在中后期对生生互评、交流讨论不再强制要求实名制，其他教学平台上的语音讨论也未能完全纳入电子档案袋评价体系中，致使该标准在一定程度上无法达到绝对客观。因此，电子档案袋评价模式虽然在实时记录、反映学生学习状态，实现学生"主动学习"，师生、生生"有效互动"等

方面具有显著的积极效果，但对其内容本身的量化评价标准还需要在教学实践中进一步摸索、研讨。

五 "呈现"与"演练"的关系协调

课堂时间是十分宝贵的，线下课堂中师生能够实现的多人互动，以及教师仅凭学生的眼神、表情就能在一定程度上把握学生的学习状态，在线上教学环境中，这些都要依靠设备、技术、网速等来实现。通过电子档案袋实现的形成性评价与师生互动，在实现全员参与、实时记录的同时，其另一面就是，师生需要付出更多的时间去阅读、标注、录入文字等。那么，如何在宝贵的课堂时间里分配"讲授"与"互动"的比例，即协调"呈现"与"演练"的关系，将是电子档案袋评价模式导入线上教学后面临的又一大挑战。而解决该问题的关键，一方面，要充分发挥线上教学的特性和优势，继续开发个性化教学资源，丰富课外、课后的交流演练方式；另一方面，始终要调动学生"主动学习"的积极性，坚持"以学生为中心"的课堂模式，协调"呈现""演练"等课堂教学中各要素的关系，让教学形式、技术和方法始终为学生服务。

六　结语

在疫情防控常态化背景下，在线教学以及混合式教学模式无疑将成为教学新常态，在远程教学、师生无接触的情况下，如何充分调动学生的主观能动性，实现学生的"主动学习"与师生的"有效互动"是本研究的出发点与落脚点。而新文科建设对文科人才培养的要求与互联网、大数据等现代信息技术的交叉融合无疑为解决上述问题提供了重要路径。基于此，笔者在2019~2020年度春季学期的本科"日本文学史"课程中积极应用多人协作在线文档技术手段，构建了在线课堂电子档案袋，以在线课堂中的形成性评价策略，提高学习者的主观能动性与师生间的交流互动性。

通过对电子档案袋评价模式在"日本文学史"线上课堂中的实践探索，本研究进一步拓展了该评价的应用领域，充实了其在高校外语专业非语言类课程中的实证研究成果。同时，在新文科建设和新冠肺炎疫情防控常态化的双重要求下，在线教学从客观上需要电子档案袋进一步突破对平台、模型的技术依赖，灵活引用相关领域既有的信息技术手段，探索普适性、便捷性、可视性更强的实施方法。因此，本研究参考移动办公平台活用于在线教学的成功经验，基于多人协作在线文档构建了更加简洁、直观的电子档案袋，实现了师生多人同时在同一文档（班级档案袋）中进行评价和互动。

笔者在电子档案袋的课堂实践过程中发现，如何客观量化形成性评价的评价标准，如何平衡课堂上的"呈现"与"演练"，或者说是"讲解"与"互动"的关系，依然是该评价应用过程中值得探讨的问题，有待在今后的教学实践中进一步摸索解决。

参考文献

[1]《国家中长期教育改革和发展规划纲要（2010—2020年）》，人民出版社，2010。

[2] 教育部高等学校外语专业教学指导委员会日语组编《高等院校日语专业高年级阶段教学大纲》，大连理工大学出版社，2000。

[3] 赵士果：《促进学习的课堂评价研究》，华东师范大学博士学位论文，2013。

[4] 刘文媛：《交互式电子档案袋在英语口语教学评价中的应用》，《天津师范大学学报》（基础教育版）2018年第2期。

[5] 李志义：《"水课"与"金课"之我见》，《中国大学教学》2018年第12期。

[6] 宋世磊：《大学日语电子档案袋评价体系的构建》，《湖北函授大学学报》2017年第5期。

[7] Emmanuel Jean Francois, *Transnational Perspectives on Innovation in Teaching and Learning Technologies*（Boston：Brill Sense, 2018）.

外语院校国别与区域研究复合型人才培育探析：以北二外教学改革"四加"模式为例

王子涵[*]

一 国别与区域研究学科建设及人才培育困境

随着中国逐步成为全球治理与国际秩序的积极参与者、建设者和引领者，国别与区域研究建设工作的紧要性与重要性日益凸显，其肩负的服务国家战略、中央决策、外交大局的历史使命与时代价值已毋庸置疑。2013年国务院学位委员会发布《学位授予和人才培养一级学科简介》（以下简称《一级学科简介》），正式认定国别与区域研究同外国语言、外国文学、翻译研究、比较文学研究并列为外国语言文学一级学科下属研究对象。[①] 2015年教育部印发《国别和区域研究基地培育和建设暂行办法》，2017年教育部发布《关于做好国别与区域研究有关工作的通知》，再次强调国别区域研究对于全面推进"一带一路"建设、助力人类命运共同体等国家重大倡议的重要意

---

[*] 王子涵，北京第二外国语学院政党外交学院讲师。
[①] 国务院学位委员会第六届学科评议组编《学位授予和人才培养一级学科简介》，高等教育出版社，2013。

义，扎实推进国别区域研究人才培育与研究基地建设工作。

在国家与国内高校共同努力下，国别与区域研究建设工作发展迅猛。然而，在现行教育教学体系下，国别与区域研究领域仍存在关于学科定位的争论、关于培养人才复合性程度遭质疑等深层问题。

根据教育部印发的《国别和区域研究基地培育和建设暂行办法》，国别与区域研究中心（基地）是指高校整合资源对某一国家或区域的政治、经济、文化、社会等开展全方位综合研究的实体性平台。突出国别与区域研究关联领域多、学科覆盖面宽以及知识面广的特点。这与国别区域研究自身在发展进程中涉及的哲学、人类学、政治学、经济学、社会学、历史学和国际问题研究等领域理论、方法、议题紧密相关，特别是与各学科领域关注的现实问题密切相连，范围辐射特定国别区域的国家政体类型、经济制度、社会与族群形态、宗教与历史文化、语言与文学艺术等内容。

尽管《一级学科简介》明确指出，提倡国别与区域研究同国际政治、国际关系、国际法等相关学科的交叉渗透，但一方面，从外国语言文学一级学科下属研究对象角度看，国别与区域研究学科设置更偏向语言性与语言学科属性，如《一级学科简介》指出的探讨语言对象国家和区域的历史文化、中外关系等内容[1]，由此产生了对国别

---

[1] 国务院学位委员会第六届学科评议组编《学位授予和人才培养一级学科简介》，高等教育出版社，2013。

与区域研究学科定位的争论，聚焦其学科定位是否偏颇、专业建设方向是否模糊等；另一方面，对于国别与区域研究的多学科、跨学科属性，学界则已建立起比较广泛的共识[1]，一些学者致力于推进国别与区域研究作为交叉学科门类下一级学科的建设工作。[2]

争议与共识并存，以上两个方面给国别与区域研究专业人才培养带来了一定的困难与挑战。同时，国别与区域研究建设现况、国内高校教育体系现状也在无形中增加、放大了其困难与挑战。

首先，国别与区域研究作为某一学科下属研究对象就意味着其学科设置需以该学科为主体学科，人才培养标准偏向主体学科培养标准，偏重主体学科基础理论与方法的学习，难免落入传统的单一学科人才培养模式的窠臼。这和国别与区域研究具有的多学科协同性、跨学科联动性、交叉学科深入性之间存在一定差距。专业人才培养超越单一学科的复合性特点表征不足。

其次，排除对学科定位限制上的考虑，就国别与区域研究本身具有的多学科协同性、跨学科联动性、交叉学科深入性的属性来说，其也对专业人才培养提出了更高的要

---

[1] 冯绍雷：《新发展格局下区域国别研究方法与范式创新》，《俄罗斯研究》2021年第3期；赵可今：《国别区域研究的内涵、争论与趋势》，《俄罗斯研究》2021年第3期。
[2] 李晨阳：《再论国别与区域研究的学科建设》，《世界知识》2021年第18期。

求，涉及学科整合、师资配备、制度保障等多环节与全体系。

因此，如何更好地进行国别与区域研究学科建设、人才培养，将其与国家发展"同步共频"落到实处，需要充分发挥国内高校在教育教学上突破困境、攻坚创新、改革求索的重要作用，为培育高素养、高质量、高水平的专业人才提供路径与支撑。近年来，一批先行院校，特别是外语类院校探索并开创了国别与区域研究领域专业人才培育的多元模式，开辟了多条路径，为持续推进国别与区域研究建设工作打好基础。

二 外语院校国别与区域研究人才培养的优势与短板

外语院校是国内高校特点比较鲜明的专门类院校，要充分发挥外语院校在国别与区域研究人才培养上得天独厚的语言语种资源优势。同时，外语院校专业门类少、师资能力"两极端"又难免成为培养国别与区域研究人才的短板。注重扬长避短则成为外语院校思考和实践国别与区域研究人才培养的底层逻辑与基本意识。

（一）"强语言""多语种"协同为国别与区域研究建设优势

语言是考察国别与区域研究对象国及地区的因素之

一。以语言学科为根基,语言功底强、语种品类多是外语院校在进行国别与区域研究人才培养时的先天优势。部分高校在设置国别与区域研究方向或二级学科时也以语言学科为主要参考,如北京大学以外国语学院为依托,2015年启动国别与区域研究专业建设,2017年设立其二级学科。

相较于非外语院校,外语院校对人才语言技能的培养要求更高,其语言教学设计与教学过程更扎实,且拥有多语种、非通用语种,往往更易培养"复合复语型人才"或"语言专业复合型人才"。

第一,"通用语+对象国语言"优势。外语院校通过多语种、非通用语资源与通用语资源的整合,更利于达到国别与区域研究的高功能要求。例如:通过通用语掌握特定国家学术研究的发展脉络与理论前沿;通过对象国语言了解对象国实际情况或参与开展经常性的实地调研等。截至2021年,北京第二外国语学院已开设26个语种专业,具有培养"复合复语型人才"的多语种、多组合优势。

第二,"国内学习+国外实练"优势。较非外语院校,外语院校有更多组织学生赴境外开展交流、交换学习的机会,特别是前往非通用语国家。实践学习有利于培养如"一带一路"沿线国家非通用语人才,不仅使学生更直观、更清晰地了解和熟悉对象国的国家概况、政治经济文化社会特征,而且是增进文化交流、增强"语言相通"和"民心相通"的重要砝码。如北京第二外国语学院自建校以来逐步形成广泛开展国际交流合作的办学特色，先后与世界范围内40多个国家和地区的170多所高校和教育机构建立全方位、多层次、实质性的教学合作关系。

第三，"语言信赖＋合作平台"优势。外语院校在语言领域的深耕细作使社会各界对其具有天然的"语言信赖"，吸引了如政府机构、国际组织、跨国公司、涉外企业等部门与单位参与、搭建有关国别与区域研究的合作平台。合作平台的建立，一方面，有利于增加并拓宽人才培养的实践渠道，使学生更好地了解最新时政、市场需求等，紧跟国家发展步伐；另一方面，有助于学校产学研一体化的推进，并进一步"以研促教""以研促学"，提升师资能力与尖端人才出产率。

（二）"专门类""两极端"或为国别与区域研究建设短板

语言语种的多样性虽是外语院校的优势，但也因此使外语院校常面临"成也萧何、败也萧何"的困境，即外语院校通常为专门类院校，在学科门类、师资力量等方面不及综合类院校。而根据木桶理论，专业人才培育的显效性在很大程度上受短板的影响，这增加了外语院校在国别与区域研究专业人才培养方面的限制。

第一，"小而精"的专业门类。不同于外语院校主攻语言语种方面的人才培养，综合类院校培养国别与区域研究人才的优势在于能够铺开"大专业"、精炼"微专业"。

"大专业"指综合类院校的学科门类相对齐全，能够比较有效地进行跨门类"复合专业型人才"的培养。同理，在学科门类相对齐全的优势下，综合类院校能够调配和整合师资力量、凝练核心课程，打造"微专业"。如北京大学、山东大学等综合类院校设立 PPE（政治学-经济学-哲学）新文科专业。外语院校的专业门类相对综合性院校往往"小而精"，整合国别与区域研究建设所需的历史学、哲学、人类学、法学、政治学、经济学、地理学等多学科的能力相对有限，也更难进一步横向拓宽人才培养的路径。

第二，"两极端"的人才队伍。现阶段国内高校国别与区域研究队伍存在严重的两极分化情况：一类专家理论水平和分析能力较强，但不懂对象国语言；另一类专家掌握对象国语言，但学科训练相对不足，运用历史学、政治学等学科理论与方法进行学理性分析的意识与能力较弱。[①] 这种现象在外语院校中表现更为突出。外语院校中以语言教学研究见长的教师、学者比较常见"语言强、理论弱"的特点，而传统文科专业的教师、学者又较少具备非通用语技能，表现出"语言弱、理论强"的特点。这易造成对国别与区域研究人才培养的撕裂。

[①] 李晨阳：《关于新时代中国特色国别与区域研究范式的思考》，《世界经济与政治》2019年第10期。

三 北京第二外国语学院"四加"复合型人才培育模式改革创新

坚持以立德树人为教育根本，以新文科建设为指引，北京第二外国语学院（以下简称"学校"）重视并突出"专业+外语"和"专业+区域国别"的人才培养特色。在教育教学实践过程中，学校进一步利用外语院校多语种资源，整合外语学科与专业学科，加强国别与区域研究建设，逐步形成关注学生品格、强化语言训练、夯实专业素养、精培研究方向的"德育+外语+专业+区域国别"的"四加"人才培养体系与培养模式。

（一）"四加"人才培养理念与理论创新

"四加"人才培养模式既是以坚持习近平新时代中国特色社会主义思想、深入贯彻习近平总书记关于教育的重要论述为理念，以课程思政为载体，以教学改革为抓手，以国别与区域研究为突破口进行的探索创新，也是对高等教育的高校—政府—市场"三角协调"理论的延展创新。

在理念上，北京第二外国语学院坚持社会主义办学方向，明确具有中国站位和中国视角的国别与区域人才培育定位，提出兼具家国情怀、语言技能、专业能力、国际视野的高质量外事人才培养目标，重视锤炼学生品德修养、夯实学生语言语种功底、强化学生专业素质教育、提升学生全球战略眼光。

在理论上,基于国别与区域研究人才培养的理念,北京第二外国语学院将高等教育的"三角协调"理论进一步扩展至"高校—政府—市场—社会"四要素并重的理论;培养具有高度民族认同感、国家责任感的专业人才,以积极向上的风气、蓬勃奋斗的朝气投入社会、服务社会、引领社会,提升高校人才培育的社会效益。

(二)"内嵌式"人才培养制度保障与创新

在国别与区域研究"四加"人才培育理念指导下,北京第二外国语学院完善学分制,嵌套德育教育学分,重视第一课堂通识必修课的思政课程及专业课程的思政建设;加强学生英语和第二外语的学习,创新实现语言"内嵌式"人才培养保障制度;将"德育+"、"外语+"与"专业+国别区域"有机结合起来,建立和创新国别与区域研究人才培养保障制度。

第一,"德育+",内嵌思政课程与课程思政,重视第一课堂"三进"工作。学校着力加强思政课程与课程思政建设。学校在 151 学分(总计)课程中,内嵌 18 学分思政课程;组织评选 40 门校级本科生和 10 门研究生"课程思政"示范课;定期组织教师开展思政课程与课程思政教学设计与教学方法培训,鼓励教师先学、深学、磨课、赛课。

第二,"外语+",内嵌英语和第二外语双学位制、三学位制，打通语言等级考试渠道。学校强化外语院校语言语种优势，对于非语言类专业，在151学分课程中内嵌42学分英语课程，学生修满学分即可获得大学英语双学位；对于语言类专业，在151学分课程中内嵌42学分第二外语课程，学生修满学分即可获得第二外语双学位。此外，学生在专业通开必修学分基础上继续研修还可获得跨语言、跨专业第三学位。这些为培养"复合复语型人才"和"语言专业复合型人才"开辟了道路，补齐了国别与区域研究领域在人才培养方面容易出现的"两极端"短板。同时，北京第二外国语学院是全国高校中少有的打开非英语专业学生参加英语专业四级等级考试通道的外语院校，为培育复合型人才提供制度保障。

在"德育+""外语+"人才培育制度的保障与创新基础上，学校进一步通过打破非通用语、非语言专业隔阂与壁垒，紧抓人才培养中心工作，调配、重组教学要素，建立"双非双线"齐头并进的"专业+国别区域"人才培养方式。

（三）"双非双线"人才培养方式创新

"四加"人才培养模式立足北京第二外国语学院办学基础与特色，通过非通用语、非语言专业"双非双线"并举、并行、融汇的方式，实现国别与区域研究"四加"复合式人才培养方式创新。

第一，结合办学定位，实施"双非双线"并举。北京第二外国语学院不仅重视语言学科的建设发展，还重视对非语言学科的开发与投入。依托学校现有学科门类，学校同时挖掘语言类和非语言类学科国别与区域研究建设工作潜力，在"非通用语+国别区域研究""非英语专业+国别区域研究"两个方向上共同发力，双线并举。

第二，围绕课程建设，推动"双非双线"并行。鉴于国别与区域研究学科建设现状与内在学科复合性要求，北京第二外国语学院精心设计培养方案，完善课程结构，既突出国别与区域研究方向从属的主体学科的培养目标，又在课程设置上注重可交叉学科、渗透学科理论与方法的复合。例如，学校以语言学科为主的中东学院、欧洲学院，以非语言学科为主的政党外交学院、经济学院等，在其培养目标中明确提出掌握与学科领域相关的国别与区域研究专业知识，在特色课程中设置对象国的国别研究概况、历史民俗、语言社会等内容作为专业必修课或选修课。

第三，整合教学资源，实现"双非双线"融汇。一方面，学校通过双学位制、三学位制、主辅修制等方式，拉近学院间距离。另一方面，学校进行通识教育改革，线上开通精品网络通识课，线下加强公共课建设，推动课程资源共享，将各学院间优质课程以通识课、选修课方式融通，打造跨学科、多模块的通识选修课程体系（见表1），突出科学素养、人文素养的培育，实现了拉网式的语言学科与非语言学科的融汇，助力国别与区域研究复合型人才的培养。

表1　北京第二外国语学院通识选修课程体系

类型	课程模块	课程组成
通识选修课	科学素养	自然科学类
	政治素养	思想政治类、政治学类
	四史教育	四史专题类
	人文素养	文学类、哲学类、历史学类、社会学类等
	法治素养	法学类
	艺术素养	艺术类
	综合素养	经济管理类、德育类、体育类等

四　"四加"复合型人才培育实施路径与效果

学校通过系列教学改革创新探索，完善学校专业体系建设、优化学校教学资源配置，集结优质教学资源与科研资源，不断提升国别与区域研究"四加"人才培养质量。

（一）多层次、多渠道、多内涵人才培养路径

"四加"人才培养模式注重多层次人才培养，本科生层面、研究生层面各有特色，又互助共赢；注重多渠道人才培养，共建教学单位、科研单位教学改革试验平台；注重多内涵人才培养，凸显国别与区域研究复合型人才特性，形成"三位一体""六位一体"的高质量人才。

第一，本科生"三位一体""两依托"的培养路径。国别与区域研究方向的本科生培养主要依托相关学院与专

业，注重知识性、能力性与国际性人才培养内涵，在本科生培养方案与教学大纲中体现国别与区域研究人才培养要求。相关学院下属的研究机构既承担科研工作，又面向本科生开放，肩负本科教学工作。如中东学院的中阿改革发展研究院（阿拉伯研究中心），为教育部国别与区域研究基地，设有本科生、硕士研究生、联合培养博士研究生三个办学层次，是目前国内规模最大的中东学人才培养基地。

第二，研究生"六位一体""双打造"的培养路径。在本科生人才培养的基础上，学校进一步加强研究生人才培养的研究性、应用性与创新性，由"三位一体"进阶至"六位一体"。在学院与专业建设上，学校进一步打造高水平科研平台，将国别与区域研究人才培养与践行服务国家战略、首都发展的理论与实践相结合：一是将非通用语建设同国别与区域研究紧密结合，先后建立中东欧研究中心、秘鲁文化研究中心、白俄罗斯研究中心、丹麦研究中心、希腊研究中心、波兰研究中心等多个在教育部备案的国别与区域研究中心；二是建立"一带一路"数据分析与决策支持北京市重点实验室等高端智库，将国别与区域研究的高端人才培养寓于学术交流、科学研究、智库建设协同之中，推进以研带教、教研相济、研教一体的育人机制。

（二）复合型、实料型、国际型人才培育效果

学校多年来努力开创国别与区域研究"四加"人才

培育模式探索新局面。尽管学校体量小，培育人才数量相对少，但所培育的人才质量高，就业竞争能力强，就业情况好，所培育的人才具有复合程度高、"实战"能力强、国际化水平高的良好口碑。

五 结语：关于"四加"人才培养模式的几点经验总结

习近平总书记在 2021 年中央人才工作会议上强调："综合国力竞争说到底是人才竞争。人才是衡量一个国家综合国力的重要指标。人才是自主创新的关键，顶尖人才具有不可替代性。国家发展靠人才，民族振兴靠人才。我们必须增强忧患意识，更加重视人才自主培养，加快建立人才资源竞争优势。"[①] 在新时代背景下，复合型人才培养的探索仍是国内高校开展教育改革的重要方向与内容。对此，本文总结"四加"人才培养模式的探索实践过程中的几点经验，以期对推进学校未来人才培养工作有所帮助。

首先，人才培养应明确培养什么人、怎么培养、为谁培养等核心问题，明确人才培养基本理念。在人才培养理念指导下，进一步尝试方式创新、制度创新，针对性地为

---

① 《深入实施新时代人才强国战略　加快建设世界重要人才中心和创新高地》，教育部官网，2021 年 9 月 28 日，http://www.moe.gov.cn/jyb_xwfb/s6052/more_838/202109/t20210929-568037.html。

国家发展需要、社会发展需求培养人才。

其次，在复合型人才培养过程中，需把握人才培养的目标与方向，防止出现培养效果不明显、"全而不精"、"大而空泛"的结果。特别是如国别与区域研究自身就存在学科定位争论，需要精心设计培养方案、逐步完善课程体系，以实现和增强复合型人才培养的有效度。

再次，充分调动学校资源，打破学科、学院壁垒，为培养人才的复合性提供更多可能。北京第二外国语学院通过语言"内嵌式"制度创新和通识教育改革，尝试打通语言学科与非语言学科壁垒，为培养兼具语言技能与专业知识的复合型人才提供了保障。

最后，人才培养应立足学校，避免陷入"最优解"陷阱。人才培养没有标准答案，不同院校有不同特点、优势，各院校要明确办学目标，突出人才培养的差异化，这有利于增强学生的核心竞争力。

新文科视域下"英语+"复合型人才培养模式的建构与实践

——基于北京第二外国语学院的实践探索

邢晓楠[*]

引　言

"新文科"的概念是 2017 年由美国希拉姆学院首先提出的,其主旨是对传统意义上的"文科"进行学科重组,同时实施"文理交叉",即把以数字技术、计算机技术和信息技术为代表的新技术融入哲学、文学和语言学等文科课程中,以打破专业壁垒,为学生提供跨学科的综合学习内容。2018 年,在全国教育大会召开前,中共中央在所发文件中提出"高等教育要努力发展新工科、新医科、新农科、新文科"(简称"四新"建设),正式提出"新文科"这一概念。2018 年 10 月 17 日,为加快建设高水平本科教育,全面提高人才培养能力,教育部印发《教育部关于加快建设高水平本科教育　全面提高人才培养能力的意见》等文件,决定实施"六卓越一拔尖"计划 2.0。

---

[*] 邢晓楠,硕士,讲师,主要研究方向为英语教学理论与实践、教学管理研究。

2019年3月23日，在由北京外国语大学、教育部高等学校外国语言文学类专业教学指导委员会、教育部高等学校大学外语教学指导委员会共同主办的"第四届全国高等学校外语教育改革与发展高端论坛"上，教育部高等教育司吴岩司长就高等外语教育改革与发展做了题为《新使命 大格局 新文科 大外语》的主旨发言，他指出，高等外语教育发展要超前识变、积极应变、主动求变，着力培养"一精多会""一专多能"的高素质国际化复合型人才；高校要创新人才培养机制，开展校内交叉培养、校外协同培养、国际联合培养，加强院系间、学校间、国际间的交流合作。[①]

2019年4月29日，教育部、中央政法委、科技部等13个部门在天津正式启动"六卓越一拔尖"计划2.0，全面推进新工科、新医科、新农科、新文科建设，提高高校服务经济社会发展的能力。教育部将分三年全面实施这一计划。新文科建设是要推动哲学社会科学与新科技革命交叉融合，培养新时代的哲学社会科学家，创造光耀时代、光耀世界的中华文化。自此，新文科建设引起我国高等教育界的广泛关注。教育部新文科建设工作组组长、山东大学校长樊丽明教授指出，新文科建设的重点是对新专业或新方向、新模式、新课程、新理论等方面的探索与实践。

---

① 吴岩：《新使命 大格局 新文科 大外语》，《外语教育研究前沿》2019年第2期。

他指出：一方面要着力建设交叉融合新专业（新方向）；另一方面要推动现有专业的转型升级。

新文科是指对传统文科进行学科重组，实现文科内部以及文科与自然科学学科之间交叉与融合之后形成的文科。[①] 新文科是相对于传统文科而言的，是以全球新科技革命、新经济发展、中国特色社会主义进入新时代为背景，突破传统文科的思维模式，以继承与创新、交叉与融合、协同与共享为主要途径，促进多学科交叉与深度融合。[②] "新文科"的"新"主要体现在以下几个方面：（1）人文精神主题的当代性；（2）传统哲学社会科学与自然科学、工程技术、现代科技的交叉融合；（3）大数据、人工智能等信息技术与人文社会科学研究的深度融合。新文科背景下的外语人才培养战略定位必须锚定两个向度：一是立足中国；二是面向未来。[③]

本文将结合新文科的背景，结合自身的专业建设现状，探讨新文科视域下北京第二外国语学院（以下简称"学校"）英语专业复合型人才培养模式的构建，希望能对其他高校外语专业建设有一定的参考价值。

---

① 胡开宝：《新文科视域下外语学科的建设与发展——理念与路径》，《中国外语》2020 年第 3 期。
② 王铭玉、张涛：《高校新文科建设思考与探索——兼谈外国语言文学学科建设》，《天津外国语大学学报》2019 年第 6 期。
③ 姜智彬、王会花：《新文科背景下中国外语人才培养的战略创新——基于上海外国语大学的实践探索》，《外语电化教学》2019 年第 5 期。

一 英语专业定位和人才培养目标

在新文科理念的大背景下,英语学院积极开拓和创建"英语+"的新型人才培养模式,通过构建多层次的人才培养体系,旨在培养具有全球视野、通晓国际规则、熟练运用外语、精通中外谈判和沟通的国际化人才。英语专业学生应具备扎实的英语语言综合知识和能力,既熟悉中国国情与文化又充分了解英语国家的人文精神、历史文化、政治经济等,具备初步的研究能力或实际工作能力以及具备良好的跨文化能力、思辨能力与创新能力。英语专业毕业生能胜任外事外交、国际文化交流、国际传播、英语教育和翻译等与英语相关的行业或部门的工作,且具备进入英语语言文学或人文社科等领域进一步深造的素质与能力。

二 "英语+"复合型人才培养模式探索与实践

(一)开展英语专业外培项目:打造"英法复语"的国际联合培养的人才培养模式

为进一步深化北京高等教育综合改革,推进北京高等教育国际化进程,探索北京高等教育海外办学新模式,学校响应国家号召,积极推动英语人才培养的国际化,实施英语专业中外交叉"外培"项目。在北京市教委与北京首都创业集团有限公司合作框架协议下，学校与首创集团子公司中法经济贸易合作区开展合作，租赁其在法国夏斗湖中法国际大学城的一部分设施，购买其服务，开拓性地开展海外办学，建设北京第二外国语学院夏斗湖校区。

当前我国最紧缺的国际化人才为国际组织人才，国际组织人才需要最多的语言组合是"英语+法语"，这也是国际组织工作中使用最多的两种语言。因此，具备"英语+法语"的语言条件是国际组织人才的必备条件。学校在法国进行法语专业教学，并依托法国语言文化环境进行浸润式教学，其得天独厚的语言文化环境优势可提升学生的外语沟通能力；设置英法复语专业，即英语为本专业、法语为复合专业，培养高级复语翻译人才。

2016年，学校与法国奥尔良大学签署了合作框架协议，同年学校选拔的首批前往法国夏斗湖校区留学的75名学生中有24名来自英语学院；2017年在学校选拔的前往法国夏斗湖校区留学的52名学生中有20名来自英语学院；2018年在学校选拔的前往法国夏斗湖校区留学的36名学生中有9名来自英语学院；2019年在学校选拔的前往法国夏斗湖校区留学的22名学生中有7名来自英语学院。学生在完成2年的英法复语学习后，可以同时获得英语和法语两个专业的学位。

近年来，英语学院的国际化项目形式多样，英语学院交换学习的院校既包括英国、美国、澳大利亚、丹麦等国家的院校，也包括罗马尼亚、拉脱维亚、保加利亚等"一带一路"沿线国家的知名院校。这种多元的国际化路径，进一步提升了学校英语专业的国际化程度。

学校有与罗马尼亚布加勒斯特大学合作的四学年本科项目，与美国芝加哥哥伦比亚学院合作的"3+2"双学位项目，与美国北亚利桑那大学、澳大利亚昆士兰大学、英国斯旺西大学合作的"2+2"双学位项目，与英国密德萨斯大学、法国索邦大学、法国巴黎高等翻译学院、法国巴黎高等跨文化管理与传播学院、美国印第安纳州立大学合作的一学年项目，与美国加州大学河滨分校、美国加州大学圣地亚哥分校、英国朴次茅斯大学、丹麦哥本哈根大学、拉脱维亚里加理工大学、澳大利亚迪肯大学合作的一学期短期学分互换项目，还包括与美国加州大学伯克利分校合作的暑期项目，为学生提供了多种国际交流与联合培养的选择，满足了学生不同层面的需求。

（二）开展英语专业双培项目：打造"英语+互联网新闻/电视"的校外联合培养的人才培养模式

北京高等教育正处在全面深化改革的关键机遇期，承载着为全社会提供高端人才支持，将北京建设成为全国政治中心、文化中心、国际交往中心、科技创新中心的重大历史责任。为进一步创新高水平人才培养机制，切实满足高校学生对优质教育资源的需求，激发各高校特别是市属高校教育教学改革活力，全面提升高校办学水平，促进北京教育均衡发展，北京市教委于2015年出台了《北京高等学校高水平人才交叉培养计划》。

自《北京高等学校高水平人才交叉培养计划》出台后,"双培计划"、"外培计划"和"实培计划"政策落地,学校积极响应北京市教委的号召,按照《北京高等学校高水平人才交叉培养计划》,积极与在京央属高校进行沟通和协商,确定高考招生专业和央属高校的对应专业名称与招生计划。学校英语学院先后与中国传媒大学、北京师范大学联合推进"双培计划"项目,招收了一批京籍优秀学生到中央部属高校开展访学活动。"双培计划"按照"3+1"培养机制进行培养,前三年在中央部属高校进行为期3年的访学,最后一年回到学校完成第四年的学业。

学校实行特色专业与中央部属院校重点专业复合培养计划,实现优势互补。与中国传媒大学合作的"双培计划"项目,涉及"英语+互联网新闻"和"英语+互联网电视"两个专业。其培养目标是,立足我国广播事业发展的现实需要和人才需求,培养能够掌握专业的互联网电视和互联网新闻理论知识,能够在各级广播电视新闻传播机构从事新闻采访、现场报道、策划编辑、节目主持等工作,具有较强英语能力的复合型高水平人才。

与北京师范大学合作的"双培计划"项目主要涉及教育学(英语教育)专业方向。与北京师范大学"双培计划"项目旨在培养具有良好的综合素质、扎实的英语语言基本功、厚实的英语语言文学知识和必要的相关专业知识、宽阔的国际视野,并具备一定的批判性思维能力和跨文化交际能力,具备英语教学理论基础,掌握丰富灵活的英语教学方法,具有有效教学综合能力及初步教育教学研究意识和能力,能在基础教育部门从事英语教学的专门人才。学校英语专业自2015年高考招生开始实施"双培计划"项目,选派32名英语专业学生赴中国传媒大学互联网电视及互联网新闻专业学习三年。2016年,学校英语学院拓宽了合作院校,共选拔21人参加"双培计划",其中15人前往中国传媒大学,修读互联网电视专业,6人前往北京师范大学修读英语专业。2017年、2018年学校英语学院均维持21人的招生规模,选派到两所央属高校的学生数量均与2016年持平。2019~2021年,学校将"双培计划"项目的重点为互联网电视专业,每年选拔20名学生赴中国传媒大学学习。

(三)打造校内"英语+专业/第二外语"跨学科、跨专业复合型人才交叉培养模式

新文科背景下的英语专业设置以英语专业为主、其他专业为辅,而且其他专业应与英语专业产生有机的联系,可以设置文文交叉专业也可以设置文理交叉专业。文文交叉专业是指英语专业同另一文科专业之间的交叉,旨在培养精通英语语言文学且掌握另一门文科专业知识的复合型外语人才。文理交叉专业是指英语专业同理科专业之间的复合,旨在培养精通英语语言文学且掌握一门理科专业知

识的复合型外语专业人才。

学校自2016年开始,在2016版、2016版(修订)、2020版本科生培养方案中明确指出,学生必须修读至少4学分的跨专业复合课程才能毕业。成绩排名前35%的学生可以有资格修读其他专业的课程,获得辅双、双学位证书。为突出"跨专业复合"理念,学校从2019级开始实现全员跨专业复合选课,全部学生均有资格修读其他专业的课程,获得辅修、双学位证书。校内复合型人才培养主要通过专业院系的复合来实现,采取对折式交叉选课的方式,英语专业学生必须修读与对象国相关的政、经、文、贸等课程,满足跨专业复合课程对学分的要求。

学生可以在选择的4学分跨专业复合课程的基础上,自愿继续修读该专业课程,满足辅修、双学位学分要求,即可获得该专业的辅修、双学位证书;也可以在第二外语学习的基础上,自愿继续修读第二外语专业课程,满足辅修、双学位学分要求,可获得该专业的辅修、双学位证书。学生在保证能从主修专业毕业且仍学有余力的前提下,可以有获得多个专业辅修、双学位证书的可能性。

英语学院学生可获得日语、法语、西班牙语、金融、国际经济与贸易等专业的辅修证书,但除了参加法国夏斗湖海外办学项目的学生能够取得法语双学位外,至今还没有学生取得其他文文交叉、文理交叉专业的双学位证书。通过辅修、双学位课程的学习,学生可以将选课与自身职业规划相结合,朝着复合型人才的方向努力,增强个人的就业竞争力。

（四）打造学校内部"英语+翻译"内嵌式复合型人才培养模式

学校英语专业本科生教学自2009年起实施内部分方向管理模式，英语专业内部设有语言文学、翻译、跨文化三个专业方向，学生在大二下学期可以自主选择专业方向，从而将本科四年的通才教育模式改变为"2+2"的"基础+专业"的模式，使学生学有所长。各专业方向学生需修满28学分的专业选修课，其中必须包含1门前沿课、3门人文课、1门本方向的研讨课、5门本方向的专业选修课。在修满上述课程学分的基础上，学生可以继续在本方向或其他两个方向的培养方案中选择4门专业选修课来修满培养方案所要求的学分。学校英语学院基本上按照1∶2的比例，开设相应学分的专业选修课，以3个方向通开课的形式，提供充足的课程资源供3个方向的学生根据个人兴趣进行选择修读。方向选修课在英语专业内部通开的模式，一直延续到现在。这种"英语+学科方向"的人才培养体系取得了较好的效果。

按照《北京第二外国语学院2020版本科生培养方案》的要求，在高考招生时直接以专业方向录取学生，英语专业包含人文交流方向和英语教育方向；新增了面向外语类专业学生的翻译内嵌式辅双课程，学生通过修读专业内置的翻译类课程，修满相应的学分可以取得翻译专业的辅修或双学位证书，人才培养更多地体现了复语特色。修满26学分并符合相关规定的学生，可以申请翻译专业辅修证书；修满42学分并符合相关规定的学生，可以申请翻译专业双学位证书。英语专业学生在修读第二外语课程（16学分）外，在规定的辅双课程列表中选择课程并修满10学分，可以申请翻译专业辅修证书；学生在规定的课程模块中选择课程并修满26学分，其中包括在翻译学位辅双课程列表中选择16学分的课程，以及在英语专业（人文交流方向）选修课程列表中选择5门非*号选修课，可以申请翻译专业双学位证书。也就是说，人文交流的专业选修课，是以通开课的形式面向英语专业其他方向学生。2020版本科生培养方案要求学生修满22学分的专业选修课才能毕业，英语专业（人文交流方向）可以提供68学分的专业选修课供学生选修，给学生极大的空间来拓展知识的维度，便于学生获得翻译专业的辅修和双学位证书。

（五）开展英语专业中国文化对外传播实验班项目：打造"英语+文化"的人才培养模式，培养具有中国心的拔尖英语人才

当前我们的文科教育面临这样一个问题：如何培养中华优秀传统文化的传承者和研究者，如何对优秀传统文化进行传播和研究？在全球化时代，传播中华优秀传统文化对中国的国际地位的提高非常重要，如何讲好中国故事，传播中国声音，需要中国文化对外传播人才的支撑。为实现复合型、多元化、创新型的英语人才的培养目标，为培养具有中国心的国际化人才，学校英语学院2015年成立了中国文化对外传播实验班，从人才培养层面具体落实国家的对外文化传播战略。实验班量身定制独立的本科生培养方案，围绕培养目标开设兼顾中与西、传统与现代、跨文化传播与研究的高端课程，改变了传统外语人才培养体系中只强调语言技能的状况，融入比较视野和传播智慧，培养符合国家当下需要的高层次中国对外文化传播人才。该培养方案在设计上以内容和语言融合为出发点，对于已通过语言关的拔尖学生，实行"英语+中西方文化"的培养模式，使学生广涉中西方传统哲学、文学、艺术及比较研究，避免传统教学中语言与文化的割裂，将重心从语言学习转到学习者知识体系和思维能力的建构上来，培养的人才将不再是单纯的英语人才，有助于改善当下中国文化对外传播中存在的庸俗化、简单化解读问题。在实验班课程中，与中国文化相关的课程所占比例与英语语言文化课程所占比例相当，这在本科生外语人才培养中具有革新性。

学校英语学院在新生入学周从英语专业的学生中开展实验班学生的遴选工作，通过笔试和面试，综合考量新生的英语、汉语、对外文化传播等知识水平，遴选20名学生进入中国文化对外传播实验班。实验班学生的资格是弹性的。英语学院在大二学年，可以增补2名学生进入实验班。英语专业学生总评成绩排名在全年级前10%的，自愿提出申请，参加英语、汉语、对外文化传播等知识水平的考核，通过考核的学生可以进行学籍异动，进入实验班学习。大一学年已经在实验班学习的学生，如果感觉不适应这种创新学习模式，可以自愿申请退出实验班，到普通英语专业班级中继续学习。

在学生培养体系改革方面，学校英语学院在原有英语语言文学课程体系基础上，在专业必修课和专业选修课两方面都增加了中国文化板块。增加的课程有：中国文化概论、中国古代文学经典、中西传统艺术鉴赏、北京历史与文化、中外传统文化对比、比较文学与文化、英美社会文化、中国现当代文学在西方的传播、中国哲学专题、典籍翻译、中国书法艺术、中西方审美文化。

中国文化对外传播实验班的开设，是一次大胆的尝试，更是一项系统工程，需要经过实践的检验。学校在从中国文化对外传播实验班获取的教学经验的基础上，制定了2020版本科生培养方案，在整个英语专业铺开，前期的中国文化相关课程在2020版培养方案中得到了延续和深化。

三　结语

英语学院实施了一系列人才培养模式的改革和创新，经过几年的尝试，初步构建的多元化复合型人才培养模式已经卓有成效。英语专业在"新文科"理念的引领下，拓展传统的以语言文学为基础的英语人才培养理念，完善英语人才培养的内涵体系，打造具有学校特色的新型英语人才，以适应我国培养国际化人才的新需求。学校将继续以学生为中心，秉承"中外人文交流"使命，以服务国际战略和首都发展为己任，坚持内涵发展，强化交叉融合，致力于培养"多语种复语、跨专业复合"、具有家国情怀、国际视野的复合型人才，助力国家高等教育国际化新格局的构建，促进中华优秀传统文化的对外传播，精准服务国家推动中华文化走向世界的策略，助力提升中国的国际话语权和世界影响力。

参考文献

[1] 樊丽明、杨灿明、马骁、刘小兵、杜泽逊:《新文科建设的内涵与发展路径（笔谈）》,《中国高教研究》2019年第10期。

[2] 胡开宝:《新文科视域下外语学科的建设与发展——理念与路径》,《中国外语》2020年第3期。

[3] 姜智彬、王会花:《新文科背景下中国外语人才培养的战略创新——基于上海外国语大学的实践探索》,《外语电化教学》2019年第5期。

[4] 王铭玉、张涛:《高校新文科建设思考与探索——兼谈外国语言文学学科建设》,《天津外国语大学学报》2019年第6期。

[5] 吴岩:《新使命 大格局 新文科 大外语》,《外语教育研究前沿》2019年第2期。

北京国际交往中心建设背景下本科生人才培养[*]

——以国际事务与国际关系专业课堂教学为例

张 爽[**]

建设国际交往中心是北京对外开放工作的组成部分和关键环节，是充分发挥首都优势提升对外开放层次的现实选择，是我国在 21 世纪进一步实行对外开放政策的重要标志，有助于北京树立崭新的国际形象、挖掘首都对外开放的潜力、将首都的开放推向更高层次。当前制约北京国际交往中心建设的一个重要问题是具备外语能力和专业水平且对北京城市定位和发展脉络有着清晰认知和了解的人才相对不足，作为北京市属高校的北京第二外国语学院在这方面有着特殊的责任与义务。围绕国际交往中心建设的需要，笔者依托国际事务与国际关系专业课堂教学对核心课程建设进行了一些有益的探索，取得了一定的成效。

---

[*] 本文是北京高等教育本科教学改革创新项目"北京国际交往中心建设背景下国际事务与国际关系专业核心课程教学改革研究"阶段性成果。
[**] 张爽，北京第二外国语学院政党外交学院教授。

一 在了解学生特点的基础上培养学生的专业思维

国际事务与国际关系专业本科生的培养符合北京国际交往中心建设的需要,其关键在于如何让本科生经过系统的专业学习后,逐步具有创新性、发散性和辩证性思维,能够对复杂的国际关系具有独立的思考、分析和判断能力,这样,我们才能说这个学生"成为独立的、有判断能力和创造力的思想者,重视他们所接触到的观念和思维方式,并有意识地始终如一地加以运用"[①]。因而,我们必须了解学生是什么样的学生,他们的学习兴趣和愿望是什么,他们对课程会有怎样的期待。"要想了解我们目前的方法为什么没有预期的有效,我们需要细察一下目前大学生的特征。"[②] 为此我们对 2018~2021 级刚入学的国际事务与国际关系专业学生进行了问卷调查(见表1)。

通过问卷调查,我们基本可以得出如下几个结论。首先,相对于年龄来说,本科生正处于青春期,身心还处于发展之中,他们的人生阅历和情感经历都比较稚嫩,他们较易受到社会上各种思潮的影响,在审视一些客观问题时容易走向偏颇。其次,与其他学科不同的是,通过网络等

[①] 〔美〕肯·贝恩:《如何成为卓越的大学教师》,明廷雄、彭汉良译,北京大学出版社,2007。

[②] 〔美〕玛丽埃伦·韦默:《以学习者为中心的教学:给教学实践带来的五项关键变化》,洪岗译,浙江大学出版社,2006。

各种媒体，学生通常对国际关系已经有了一个总体性的认识，但是本科生并不理解北京国际交往中心的功能和定位以及对他们的知识底蕴和能力水平的要求。

表1 2018~2021级部分新生问卷调查

年级	你主要从什么渠道形成对国际事务的认识	你是否理解所获得的有关国际关系方面的信息，并相信由此形成的观点是正确的	你是否知道北京国际交往中心的主要功能和定位
2018级（38人）	网络（35%）；电视（23%）；纸质媒体（18%）；家人、同学和朋友（17%）；其他（9%）	是（66%）；不一定（34%）	知道一些（12%）；不太知道（88%）
2019级（34人）	网络（38%）；电视（22%）；纸质媒体（16%）；家人、同学和朋友（21%）；其他（3%）	是（70%）；不一定（30%）	知道一些（16%）；不太知道（84%）
2020级（34人）	网络（43%）；电视（21%）；纸质媒体（13%）；家人、同学和朋友（17%）；其他（6%）	是（77%）；不一定（23%）	知道一些（17%）；不太知道（83%）
2021级（36人）	网络（46%）；电视（21%）；纸质媒体（17%）；家人、同学和朋友（12%）；其他（4%）	是（73%）；不一定（27%）	知道一些（9%）；不太知道（91%）

根据大一、大二学生的特点，笔者和同事们在课堂教学中经常有意识地运用现代教育技术手段来调动学生的积极性与情感投入，使其在自觉和不自觉中认识到自身的观

点缺陷，从而在整体上认识到国际政治的复杂性。例如：我们在讲授全球气候环境对人类的影响时，让学生使用一些轻量级的练习性工具如手机投票、雨课堂等来模仿世界各国对世界气候大会的态度，以此提高学生的课堂参与性；通过视频软件等及时跟踪播放世界热点问题的动态发展情况以及业内相关专家学者对此的点评来提升课堂内容的吸引力等。实践证明，先进的教学技术手段的运用对于培养学生的专业思维、使其迅速进入专业学习状态具有非常明显的作用。

二　通过精心教学安排使教学内容变得生动活泼

虽然学生通过网络等信息渠道了解了外部世界很多事情，但是由于国际政治方面的信息量太多、太杂，又随时更新，在许多时候反而让学生产生了迷惑，使学生很难理解外部世界发生的种种事情。这也对教师的教学安排产生了严峻挑战。教师只有保证足够的知识更新才能让学生对国际关系问题保持新鲜感，并让他们对复杂多变的国际环境有一个清晰的了解，从而有助于提高他们对外部世界的认知能力，形成理性的思维方式。但是专业课的课时量是有限的，而所涉及的教学信息量却很大。如何解决两者之间的矛盾呢？这就要求教师在课堂上不要过于专注教授每一个细节，而是要善于突出重点，用有限的时间提供最大的信息量，所以美国著名教育家芭芭拉·G. 戴维斯就说过"不要将你所知道的每一个细节都告诉你的学生"①。在这种情况下，一方面，需要教师对这门课程的主要知识点和前沿发展了如指掌，有充足的信息量满足学生的好奇心和求知欲；另一方面，每讲教学内容都要有明确的教学线索，形成完整的逻辑体系，在此基础上形成完整的教学思路，使学生能够按照教师所拟定的教学思路获得完整的信息和逻辑思维训练。例如在讨论什么是中国国际形象时，教学内容十分繁杂，根本无法通过短短4课时展示全部内容，因此，经过认真分析，我们选择从海外游客如何看待中国国际形象这个视角切入，对中国国际形象做全方位的分析和解读。这样我们可以充分利用各种信息渠道，精心安排教学内容，帮助学生理解什么是中国国际形象、中国国际形象和北京国际形象有何差异，以此给学生带来深刻的启迪。因此，教师通过精心选择的课程内容"能够帮助学生在已知知识或已有经验与新知识与新经验之间建立联系"②，有助于学生突破已有认知模式的羁绊，用理性和发散的思维思考国际关系的复杂性。

三 通过邀请卸任的大使上课，培养学生对专业的感性认识

北京国际交往中心建设需要学生对国际事务的实际工

---

① 〔美〕巴巴拉·G.戴维斯：《教学方法手册》，严慧仙译，浙江大学出版社，2006。
② 〔美〕威尔伯特·J.麦肯齐等：《麦肯齐大学教学精要》，徐辉译，浙江人民出版社，2006。

作具有感性认识。专业学习特别强调理论学习，但理论学习不仅非常枯燥，而且有时和现实工作相距较远。这可能是全世界高等教育中的共有难题。为此，我们建立了政党与外交大课堂项目，定期邀请一些卸任的大使以及有着丰富的国际事务实践经验的人士来为学生讲授国际事务实际工作是如何进行的。他们通过列举大量鲜活和生动的案例使得枯燥的国际关系理论变得清晰易懂，使纷繁复杂的国际关系变得简单易晓。

四 通过幽默生动的课堂语言激发学生学习兴趣，提高其思维能力

教育心理学的实践反复证明，一个人的思维能力与兴趣紧密相连。因而要求学生对学习有着浓厚的兴趣。"兴趣就是能专心致志于某一对象或对某一对象保持警觉、关心、注意。它能主动吸引学生积极实现目的。"[1] "兴趣能引导学生主动对现象和问题进行对比分析"[2]，因而能让学生思维和视野变得更加开阔，思维呈现多维发散状。增强学生主动发现、提出有待研究和学习的国际关系新问题的能力，逐步提升其独立思考和判断问题的能力。因此，课堂教学

---

[1] 〔美〕约翰·杜威：《民主主义与教育》，王承绪译，人民教育出版社，2001。
[2] 〔挪威〕托布约尔·克努成：《国际关系理论史导论》，余万里、何宗强译，天津人民出版社，2005。

一定要让学生对国际事务专业有兴趣，这就要求教师一定要吸引学生的注意力，让学生专心听课，"学生能否专心听课是决定其能否成功地接受和加工信息的因素之一"①，也是他们对学习产生浓厚兴趣的关键所在。这在课堂教学中确实是一件非常困难的事情，因为"听不间断的讲课时，人们的注意力能够集中的平均时间跨度据估计在 10～20 分钟之间"②。通常这时候学生的脸部表情就能够反映出他们对课程的接受情况，比如打哈欠或者交头接耳。这时，教师就必须调整上课的节奏，否则教学效果就变差了。最好的方式就是使课堂教学变得幽默。实践证明，具有幽默感的教学，特别容易激发学生的专业兴趣，因为学生"在愉快获得知识和方法的同时，得到一种超乎生活技能的精神满足"③。这对于培养学生的活力与创造力，是十分有益的，有助于学生在未来从事国际交往工作中发挥积极主动性。

五 通过潜移默化的教学方式培养学生的独立人格

北京国际交往中心建设不仅需要精通外语和国际事务专业技能的技术人才，同时也需要在国际场合能够做到不

---

① Shaw, M. E., Corsini, R. R., and Mouton, J. S., *Role play: A Practical Manual for Group Facilitators* (San Diego, Calif.: University Associates, 1982).
② 〔美〕斯蒂芬·D. 布鲁克菲尔德：《大学教师的技巧：论课堂教学中的方法信任和回应》，周心红、洪宁译，浙江大学出版社，2005。
③ 〔挪威〕托布约尔·克努成：《国际关系理论史导论》，余万里、何宗强译，天津人民出版社，2005。

卑不亢、待人接物通情达理、做事张弛有度、既尊重他人又对自己充满自信的优秀人才，因此在专业教学中，教师不仅要传输知识，也要通过潜移默化的方式来培养学生独立思考的能力，使学生养成独立的人格。例如，当有教师讲授区域全面经济伙伴关系（RCEP）协定相关知识时，教师安排同学扮演签署RCEP协定的不同国家的会谈代表，并且有意识地让他们扮演的角色与他们的本意错位，即让赞成中国国家立场的同学扮演东盟国家代表，赞成韩国国家立场的同学扮演日本国家代表。角色扮演的目的在于帮助学生"构建别人看待世界的方法的感觉过滤器和理解结构"[1]。通过角色扮演，学生的口头表达能力得以充分锻炼，学生从中也获得了感悟，这种感悟有助于学生学会换位思考，充分认识到缺乏换位思考会造成偏执，而过分的偏执会造成敌对与冲突。因此，角色扮演有助于学生"十分强有力地把学习的认知和情感维度有机地结合在一起"形成辩证思维的习惯，"使学生更好地理解思维过程、习惯反射、假设、毫无疑问的态度、感觉和情感等能显示出人们在危机时刻的行为的各种事物的结合"[2]。如果学生形成既从自身也从他者的角度进行思维的习惯，

---

[1] Milroy, E., *Role Play: A Practical Guid* (Aberdeen: Aberdeen University Press, 1982).

[2] Shaw, M. E., Corsini, R. R., and Mouton, J. S., *Role play: A Practical Manual for Group Facilitators* (San Diego, Calif.: University Associates, 1982).

那么这会有助于学生在国际交往中更加从容、更加善于沟通。

此外，教师在与学生的沟通中要努力做到平等相待，以理服人。教师必须敢于承认自身在教学中的错误。因为从国际关系的特性来说，从来不存在答案的唯一性。通常情况下，教师对所教授的课程的了解和掌握程度是学生所不能及的，但是在信息渠道多样且高度发达的信息时代背景下，学生掌握教师也不知道的信息是十分正常的，这样，教师认为正确的资料在最新的资料披露以后往往就变成不正确的资料了。如果教师为了所谓的威信坚持认为自己所说的是正确的话，那么学生虽然因为身份问题不敢反驳教师，但是教师的威信实际上也就荡然无存了，其结果是损害了学生对专业学习的热情，不利于学生独立思考能力的培养。因此，必须鼓励学生不唯上、不唯书、只唯实，逐渐培养学生实事求是和独立思考的理性思维方式。

六 结语

与大一刚入学的新生相比，高年级学生的独立分析能力、对世界和本国的认识能力都明显增强了。高年级学生对国际关系的复杂性有了更深刻的理解，不再像大一学生那样往往用直线思维看待问题，现在基本能够用创新和辩证的思维方式看待复杂的国际事务，在对2018级、2019级学生的调查问卷中已经清楚地表明了这一点（见表2）。

表 2 2018 级和 2019 级学生调查问卷

年级	与大一刚入学相比，你更愿意与外国人交往还是不愿意	你是否理解世界是多样性的且是复杂的，但相信国际社会是相互依赖的	你是否认为对北京国际形象的内涵有了更深刻的认知
2018 级（52 人）	愿意（83%）；不愿意（14%）；不知道（3%）	是（77%）；不是（23%）	是（78%）；不是（22%）
2019 级（49 人）	愿意（81%）；不愿意（12%）；不知道（7%）	是（82%）；不是（18%）	是（83%）；不是（17%）

当然，我们在培养适应北京国交往中心建设需求的人才方面所取得的成就只是初步的，在具体的教学过程中，笔者深感还需继续努力：一方面，现代教育技术和手段的发展是永无止境的，教师通过更有效地利用电子辅助设备，更有效地运用肢体语言，更仔细地倾听学生们的诉求，能够让学生更好地理解北京国际交往中心建设的多样性和复杂性；另一方面，现代教育理念的发展例如兴趣思维、反省思维等都需要教师思考怎样更好地扮演园丁角色、向导角色、助产士角色、教练角色、指挥家角色[1]，这些也正是建设北京国际交往中心需要教师扮演的角色。

---

[1] 〔美〕玛丽埃伦·韦默：《以学习者为中心的教学：给教学实践带来的五项关键变化》，洪岗译，浙江大学出版社，2006年。

参考文献

[1] 〔美〕肯·贝恩:《如何成为卓越的大学教师》,明廷雄、彭汉良译,北京大学出版社,2007。

[2] 〔美〕玛丽埃伦·韦默:《以学习者为中心的教学:给教学实践带来的五项关键变化》,洪岗译,浙江大学出版社,2006。

[3] 〔美〕巴巴拉·G.戴维斯:《教学方法手册》,严慧仙译,浙江大学出版社,2006。

[4] 〔美〕威尔伯特·J.麦肯齐:《麦肯齐大学教学精要》,徐辉译,浙江大学出版社,2005。

[5] 〔挪威〕托布约尔·克努成:《国际关系理论史导论》,余万里、何宗强译,天津人民出版社,2005。

[6] 〔美〕约瑟夫·罗曼:《掌握教学技巧》(第二版),洪明译,浙江大学出版社,2006。

[7] 〔美〕托马斯·A.安吉洛、K.帕特里夏·克罗斯:《课堂评价技巧》,唐艳芳译,浙江大学出版社,2006。

[8] 〔美〕约翰·杜威:《民主主义与教育》,王承绪译,人民教育出版社,2001。

[9] 〔美〕斯蒂芬·D.布鲁克菲尔德:《大学教师的技巧:论课堂教学中的方法信任和回应》,周心红、洪宁译,浙江大学出版社,2005。

[10] Milroy, E., *Role Play*: *A Practical Guid* (Aberdeen: Aberdeen University Press, 1982).

[11] Ralph, K. W., *Fearful Warriors. A Psychological Profile of the United States-Soviet Relations* (New York: Free Press, 1984).

[12] Shaw, M. E., Corsini, R. R., and Mouton, J. S., *Role play*:

A Practical Manual for Group Faciliators (San Diego, Calif.: University Associates, 1982).

[13] 张曙光:《接触外交——尼克松政府与解冻中美关系》,世界知识出版社,2009。

图书在版编目(CIP)数据

新文科建设背景下跨学科专业人才培养模式研究/李小牧主编. -- 北京：社会科学文献出版社，2022.10
ISBN 978-7-5228-0540-5

Ⅰ.①新… Ⅱ.①李… Ⅲ.①高等学校-文科（教育）-人才培养-培养模式-研究-中国 Ⅳ.①G649.2

中国版本图书馆CIP数据核字（2022）第143176号

新文科建设背景下跨学科专业人才培养模式研究

主　　编／李小牧

出　版　人／王利民
组稿编辑／恽　薇
责任编辑／贾立平
责任印制／王京美

出　　版／社会科学文献出版社
　　　　　　地址：北京市北三环中路甲29号院华龙大厦　邮编：100029
　　　　　　网址：www.ssap.com.cn

发　　行／社会科学文献出版社（010）59367028
印　　装／三河市龙林印务有限公司

规　　格／开本：889mm×1194mm　1/32
　　　　　　印张：5.875　字数：116千字
版　　次／2022年10月第1版　2022年10月第1次印刷
书　　号／ISBN 978-7-5228-0540-5
定　　价／89.00元

读者服务电话：4008918866

版权所有 翻印必究